Wissen kompakt für Autoren

Drehbuch Schreiben

Gerrit Koehler

DREHBUCH SCHREIBEN

FRANKFURTER TASCHENBUCHVERLAG

FRANKFURT A.M. • LONDON • NEW YORK

©2007 FRANKFURTER TASCHENBUCHVERLAG
Ein Unternehmen der
FRANKFURTER LITERATURVERLAG GMBH
Mainstraße 143
D-63065 Offenbach/M.
Tel. 069-40-894-0 • Fax 069-40-894-194
E-Mail: lektorat@frankfurter-literaturverlag.de

www.frankfurter-taschenbuchverlag.de

Bibliografische Information der Deutschen Nationalbibliothek
Die Deutsche Nationalbibliothek verzeichnet diese Publikation in der Deutschen
Nationalbibliografie; detaillierte bibliografische Daten sind im Internet abrufbar über
http://dnb.d-nb.de.

ISBN 978-3-937909-71-4

1. Auflage 2007
2. Auflage 2013
3. Auflage 2016
4. Auflage 2017
5. Auflage 2019
6. Auflage 2020
7. Auflage 2024

Bildnachweis Einband oberes Bild: © S. Müller
Bildnachweis Einband unteres Bild: James Steidl © www.fotolia.de

Gedruckt auf säurefreiem, alterungsbeständigem Papier,
hergestellt aus chlorfrei gebleichtem Zellstoff (TcF-Norm).
Printed in the EU

Inhaltsverzeichnis

VORWORT

Sie gehen gerne ins Kino und schauen gerne fern? Wer nicht! Aber Sie lassen sich nicht einfach nur berieseln und mitreißen von Spezialeffekten, sondern sind viel eher beeindruckt von einer guten Story, originellen Figuren und intelligenten Dialogen? Dann ist es das Drehbuch, welches Sie bei einem Film wirklich beeindruckt! Sie denken sich, „Das kann ich auch!"? Mit ein wenig Talent und einem guten Gespür dafür, was der Zuschauer möchte, werden Sie damit wahrscheinlich sogar Recht haben!

Das Schreiben von Drehbüchern unterscheidet sich nämlich in einem wichtigen Punkt vom Verfassen von Romanen, Kurzgeschichten oder Theaterstücken: Mehr noch als Kunst ist das Drehbuchschreiben ein Handwerk – und ein Handwerk kann man bekanntlich (ein gewisses Maß an Talent vorausgesetzt) erlernen! Zwar wird Ihnen niemand sagen können, wie Sie zu arbeiten haben, und Ihnen Punkt für Punkt vorschreiben wollen, wie Sie Ihr Drehbuch zu strukturieren haben. Eine solide und umfangreiche Kenntnis darüber, welche Regeln einzuhalten sind und welche Arbeitsschritte wirklich hilfreich sind, sind jedoch essentiell.

Wie formatiere ich ein Drehbuch, wie baue ich meine Story auf, wie entwickle ich meine Figuren, und letztendlich, wenn ich irgendwann mein Drehbuch fertig habe – wohin damit? Welche Besonderheiten gibt es, woher nehme ich meine Ideen, und worin unterscheidet sich die Arbeit für den Film von der für das Fernsehen?

Die Antworten auf diese Fragen müssen Sie sich nicht zusammenreimen, sie alle stehen in diesem Buch. Als eine Art Leitfaden und Ratgeber möchte ich Ihnen nicht zeigen, wie Sie es machen *müssen*, sondern einfach Vorschläge geben und Wege aufzeigen, wie Sie es machen *können*! Denn bei aller Handwerkskunst – das Schreiben von Drehbüchern ist immer noch vor allem eine Frage der Kreativität und soll Spaß machen! Ein umfangreicher Anhang mit Adressen, Links und einem Verzeichnis aller Serien und Filme, die als Beispiele angeführt werden, rundet das Ganze ab und ist bei der Suche nach Inspiration, Kontakten und weiterführenden Tipps hilfreich.

Also, wenn Sie ernsthaft daran interessiert sind, ein Drehbuch zu verfassen oder einfach mal wissen möchten, was sich die Autoren bei ihrer Arbeit gedacht haben, ist dieses Buch genau das Richtige für Sie! Sie werden einen Einblick erhalten in die Struktur eines Drehbuchs (Ihnen ist bestimmt schon aufgefallen, dass sich alle Filme, egal, welches Genre, vom Aufbau ähneln), in bestimmte Besonderheiten, die Sie als Autor beachten müssen, und letztendlich – was am allerwichtigsten ist - in die Art und Weise, wie man ein richtig gutes Drehbuch schreibt!

Meine Hoffnung ist es, dass, Sie im Laufe der Lektüre dieses Buchs sogar noch mehr Lust bekommen, selbst ein Drehbuch zu verfassen, oder werden vielleicht sogar erst dadurch auf die Idee gebracht – denn nichts ist befriedigender, als nach langer, mühseliger, aber gleichzeitig auch sehr schöner und interessanter Arbeit das ausgedruckte Exemplar Ihres ersten eigenen Drehbuchs in den Händen zu halten!

1. DER LANGE WEG

Ein Drehbuch zu schreiben, ist eine ganz schön verzwickte Sache. Natürlich macht es Spaß, ganz eigene Welten zu erschaffen, eigene Figuren zu erfinden und diese handeln zu lassen wie reale Menschen. Vor allem, wenn diese den Weg auf die Leinwand oder auf den Bildschirm schaffen, platzt man natürlich vor Stolz und klopft sich auf die Schulter. Zu Recht – und doch übersieht man dabei gerne, dass das Schreiben von Drehbüchern auch die eine oder andere Schattenseite hat, zum Teil wirklich Nerven aufreibend ist. Deshalb sollten Sie sich, bevor Sie sich den ersten konkreten Gedanken über Ihr Drehbuch machen, zuerst über ein paar Dinge im Klaren sein – die Sie aber trotzdem keinesfalls abhalten sollten:

Zunächst einmal ist das Schreiben von Drehbüchern ein Geschäft, und zwar ein hartes. Das Schreiben von Drehbüchern ist, wie bereits erläutert, eher Handwerk als Kunst, und es sollte klar sein, welche Aufgabe das fertige Drehbuch erfüllt – es ist nämlich nichts anderes als der Bauplan eines Films, nichts mehr, aber auch nichts weniger. Deshalb will ein Drehbuch nicht unterhalten oder einer breiten Masse zugänglich sein, am allerwenigsten den Literaturnobelpreis gewinnen.

Ein Drehbuch ist lediglich eine Arbeitsvorlage, nach ihm werden alle Menschen arbeiten, die an der Entstehung des Films beteiligt sind – und wenn Sie (was Sie als Filmfan natürlich tun) sich den Abspann eines Films einmal komplett anschauen, haben Sie eine ungefähre Vorstellung davon, durch wie viele Hände ein Drehbuch wandert. Das birgt

11

natürlich eine große Verantwortung, und es ist wichtig zu wissen, was in einem Drehbuch stehen muss, sollte oder vor allem nicht darf.

Ein anderer Punkt ist der Einfluss, den Sie als Autor auf Ihr Werk haben. Sicher, zunächst werden Sie der Einzige sein, der Elemente einbringen oder verändern, anpassen oder streichen darf. Das wird sich jedoch sehr ändern, wenn Ihr Drehbuch tatsächlich angenommen ist und verfilmt werden soll. Denn jetzt kommen Beteiligte ins Spiel, die die Verantwortung tragen für das, was dann im Endeffekt zu sehen sein wird, der Produzent, Producer, Redakteur oder auch der Regisseur.

All diese Leute werden Ihr Buch bearbeiten, Sachen ändern, ganze Passagen komplett streichen und neue verlangen, die Sie vielleicht als vollkommen überflüssig ansehen. Aber das Schlimmste kommt noch: Irgendwann gibt es einen Punkt, an dem Sie als Drehbuchautor aus dem Spiel sind, man Ihnen Ihr Drehbuch abnimmt und Sie keinerlei Einfluss mehr auf die Entwicklung des Films haben. An diesem Punkt nämlich wurde das fertige Drehbuch nach der x-ten Fassung endgültig abgesegnet und angenommen. Das heißt keinesfalls, dass nicht noch ein Haufen Änderungen am Script durchgeführt werden können – nur eben ohne Sie.

Meistens handelt es sich dabei ohnehin um Kleinigkeiten, die erst während des Drehs geändert und angepasst werden, weil man erst dann merkt, dass bestimmte Szenen leider in der Realität doch nicht so gut funktionieren wie gedacht. Als kleines

Trostpflaster haben Sie aber zu diesem Zeitpunkt bereits ein dickes Plus auf dem Konto verbucht und liegen am Strand in der Hängematte oder sitzen bereits am nächsten Projekt.

Nur müssen Sie sich wirklich von dem Gedanken verabschieden, das Drehbuch als komplett „Ihr" Werk zu sehen – Film ist immer Teamwork. Also noch mal: Wenn Sie sich als Künstler sehen, an Ihrem Werk hängen und sehr empfindlich auf Verbesserungsvorschläge oder –maßnahmen anderer reagieren, lassen Sie es. Schreiben Sie lieber Romane oder Kurzgeschichten, vielleicht ein Theaterstück. Diese Werke bleiben zumindest einigermaßen so erhalten, wie der Autor sie sich gedacht hat. Beim Film jedoch werden Sie immer nur einen kleinen Teil dessen liefern können, was am Ende herauskommt.

Das schon mal am Anfang, damit Sie eine ungefähre Vorstellung haben, worauf Sie sich einlassen, wenn Sie Drehbücher nicht nur schreiben, sondern sie tatsächlich auch verkaufen und auf der Leinwand sehen wollen. Und Sie sind noch nicht abgeschreckt? Das ist sehr gut, denn am Ende wird es sich auf jeden Fall gelohnt haben, es doch mal versucht zu haben.

Wagen wir uns also einfach mal ran und gehen davon aus, dass Sie sich tatsächlich daransetzen, ein Drehbuch zu schreiben. Das werden Sie wahrscheinlich nicht im Auftrag eines Fernsehsenders oder einer Produktionsfirma tun, denn dann hätten Sie schon ausreichend Erfahrung. Also, wenn wir ganz vorne beginnen, steht am Anfang natürlich:

Die Grundidee und die Logline

Sie werden, wenn Sie mit dem Gedanken spielen, ein Drehbuch zu schreiben, in der Regel eine Grundidee, einen Plot, im Kopf haben. Diese lässt sich in einem, allerhöchstens zwei Sätzen, als so genannte *Logline*, zusammenfassen. Diese Logline ist in der Regel das, was man als allererstes im Kopf hat und an der man sich quasi „entlanghangelt". Das könnte dann so aussehen:

1.

An Bord der Titanic, ein Mädchen aus reichem Hause verliebt sich in einen Herumtreiber aus der Dritten Klasse und reißt mit ihm aus, als das Schiff plötzlich einen Eisberg rammt.

2.

Zwei todkranke Männer flüchten mit einem gestohlenen Wagen aus dem Krankenhaus, um einmal in ihrem Leben das Meer gesehen zu haben, bevor sie sterben. Im Kofferraum befindet sich jedoch eine große Summe Geld, das zwei Gangstern gehört, die den beiden jetzt auf den Fersen sind.

3.
Ein ehemaliger Autodieb hat eine Nacht
Zeit, um für einen Gangsterboss 50 Autos zu stehlen, sonst ist sein Bruder ein
toter Mann.

4.
Ein mit dem absoluten Geruchssinn
ausgestatteter Mann tötet im Frankreich
des 18. Jahrhunderts junge Frauen, um
aus ihnen den vollkommenen Duft zu
kreieren.

5.
Der einzige Überlebende einer Gruppe
von Gangstern, ein kleiner Gauner,
wird nach einem missglückten Coup
von der Polizei vernommen und erzählt
die Vorgeschichte um einen mysteriö-
sen und berüchtigten Gangsterboss, der
hinter allem steckt und alle Beteiligten
wie Marionetten für seine Zwecke arbeiten ließ. Am Ende stellt sich heraus,
dass der kleine Gauner selbst der berühmte Gangsterboss ist.

6.

Ein Kinderpsychologe kümmert sich Monate nach einem traumatischen Anschlag auf sein Leben um einen Jungen, der tote Menschen sehen kann und hilft ihm, mit der Herausforderung fertig zu werden. Am Ende stellt sich heraus, dass er selbst bereits seit dem Anschlag tot ist und die ganze Zeit über dem Jungen als Geist erschienen ist.

7.

Ein Linienbus in einer Großstadt ist mit einer Bombe ausgerüstet, die sich ab einer bestimmten Geschwindigkeit aktiviert und zündet, wenn sie wieder unterschritten wird.

8.

Ein normaler Junggeselle in London rennt auf der Straße aus Versehen in einen großen amerikanischen Filmstar. Die beiden verlieben sich ineinander, obwohl ihre Welten unterschiedlicher nicht sein könnten.

9.
Ein Künstlerehepaar gerät in der DDR der frühen 80er ins Visier der Stasi. Während der Mann Kontakte knüpft, ist der auf ihn angesetzte Stasi-Agent zunehmend von dessen Leben fasziniert.

10.
Ein Computerhacker stellt die Realität in Frage, als ihm von einer Gruppe eröffnet wird, dass die gesamte Welt nur eine von Computern erschaffene Simulation ist und die Menschen in ihr gehalten werden. Sie holen ihn in die reale Welt und bekämpfen mit seiner Hilfe die Maschinen.

Haben Sie's erkannt? Diese zehn Loglines könnten so oder ähnlich aus Filmen der letzten Jahre stammen, die trotz ihrer großen Unterschiedlichkeit große Erfolge an den Kinokassen waren. Hier noch mal zur Kontrolle:

1. TITANIC	1997
2. KNOCKING ON HEAVEN'S DOOR	1997
3. NUR NOCH 60 SEKUNDEN	2001
4. DAS PARFUM	2006
5. DIE ÜBLICHEN VERDÄCHTIGEN	1995

6. THE SIXTH SENSE	1999
7. SPEED	1994
8. NOTTING HILL	1998
9. DAS LEBEN DER ANDEREN	2006
10. THE MATRIX	1999

Hier wird schnell klar, dass auch die komplexesten Filme eine Logline, wenn man so will eine Grundidee, haben, die sich ganz kurz zusammenfassen lässt. Vergleichen Sie das mit dem, was Sie jemanden nach einem Kinobesuch erzählen, der wissen will, was für ein Film lief – oder dem, was in der Fernsehzeitung steht, wenn Sie kurz darüberlesen und wissen wollen, worum es geht. Diese Grundidee ist es, die am Anfang eines Drehbuchs steht. Sie ist die Basis für alle anderen Details, die erst im Lauf der Zeit hinzukommen.

In dem Stadium ist meist noch alles offen, die Figuren, das Setting, die Struktur. Deshalb ist die Logline als Fundament der Story das Einzige, was sich in der Regel bis zum fertigen Drehbuch nicht mehr ändern wird. Gleichzeitig legt sie bereits bestimmte Details fest. Diese wenigen Sätze reichen oft aus, um Grenzen zu ziehen bezüglich Protagonisten, Ort und Zeit der Handlung (Setting), Motiv des Protagonisten und vor allem der Frage des Genres. Bei den Beispielen sind das im Einzelnen:

1. TITANIC

Das Genre ist in diesem Fall ganz klar von Anfang an ein Liebesfilm. Vielleicht kommen im späteren Drehbuch noch Elemente anderer Genres, z.B. des Krimis mit hinein, aber es wird doch ein Liebesfilm bleiben. Handlungsort und –zeit stehen hier ebenfalls bereits fest.

Wenn der Gedanke am Anfang steht, eine Liebesgeschichte an Bord der Titanic spielen zu lassen, befindet man sich (bis auf eine möglicherweise andernorts spielende Exposition) im Jahre 1912 in einem Handlungsort zwischen Southampton und dem Atlantik vor Neufundland.

2. KNOCKING ON HEAVEN'S DOOR

Der Ort und die Zeit werden hier komplett offen gelassen, und auch das Genre legt sich noch nicht fest. Ein Element ist die tödliche Krankheit der Hauptfiguren, also wird man wahrscheinlich Schwierigkeiten haben, eine seichte Komödie daraus zu machen – ein wenig schrägem Humor steht jedoch nichts im Wege, wie der spätere Film beweist.

Dann gibt es noch Gangster, man kann also einen Krimi daraus machen oder einen Thriller. Hätte – bei gleicher Logline – ebenfalls funktioniert, aber ein Element haben wir noch nicht berücksichtigt: das der Reise:

Die beiden Protagonisten wollen vor ihrem Tod wenigstens einmal das Meer sehen, sie wohnen also wahrscheinlich weit weg von der Küste, da sie das bisher noch nicht geschafft haben. Da der Film also von der Reise handeln wird, wird er – ungeachtet anderer Genreelemente – ein Roadmovie werden. Das kann spannend werden oder witzig, heute oder in der Vergangenheit spielen, aber die Grundelemente und -konstellationen des Roadmovies wird man sich beim Schreiben des Drehbuchs zu einer solchen Logline bewusst machen müssen.

3. NUR NOCH 60 SEKUNDEN

Hier sehen wir schon, wie einfach und simpel sich eine Logline zu einem Actionfilm formulieren lässt. Das sagt natürlich keineswegs etwas über die Qualität des fertigen Drehbuchs aus, geschweige denn über die des fertigen Films, aber sie macht klar, worauf hier der Fokus gelegt wird: nicht auf eine komplexe Handlung und Dialoge, sondern auf visuelle Elemente voller Bewegung. Ort und Zeit sind egal, der Film hätte z.B. genauso im London der 60er Jahre wunderbar funktioniert. Aber auch hier muss sich der Autor aufgrund der Logline bewusst machen, nach welchen Konventionen er sich für das Genre beim Verfassen des Drehbuchs richten muss.

Der Höhepunkt im letzten Drittel des Films (siehe *Struktur der Story*) muss bei einem Actionfilm „optisch was hermachen", der Zuschauer soll sich förmlich im Kinosessel festkrallen! Und tatsächlich, der Höhepunkt im fertigen Film ist die Verfolgungsjagd durch San Francisco – aus ihr stammen die Szenen, an die sich der Zuschauer im Nachhinein am ehesten erinnern wird.

4. DAS PARFUM

Hier lässt uns die Logline, ungeachtet dessen, dass es sich um eine Buchverfilmung handelt (siehe *Literarische Vorlage*), keine Wahl bezüglich Ort und Zeit, wir legen uns bereits auf das Frankreich des 17. Jahrhunderts fest. Und das Genre steht ebenfalls bereits fest:

Es geht um einen Serienmörder, klassische Ausgangsbasis für einen Thriller, die hier allerdings um ein Element erweitert wird. Anders als bei anderen Serienmörder-Thrillern ist hier der Täter nicht Antagonist, sondern Hauptfigur, also Protagonist. Der Zuschauer, so sehr er dessen Taten verabscheut, muss daher mit ihm fühlen und ihm zumindest ein Stück weit Sympathie entgegenbringen können. Die Tragik seiner Geschichte macht es für den Autor notwendig, zusätzlich Elemente des Dramas einfließen zu lassen, was in diesem Film sehr gut gelungen ist.

5. Die Üblichen Verdächtigen

Haben Sie den Film gesehen? Sehr komplex, sehr spannend, sehr durchdacht. Nicht ohne Grund der Oscar-Gewinner für das beste Drehbuch 1996. Das Genre ist schon in der Logline als Thriller bestimmt, zumindest aber als Krimi. Eine Besonderheit gibt es hier jedoch, vielleicht fällt sie Ihnen direkt auf: Schon hier wird das Ende des Films verraten.

Das ist ungewöhnlich, denn meist lässt die Logline das Ende offen: Das Liebespaar auf der Titanic, überlebt es den Untergang? Wird der Frauenmörder gefasst (zumal er gleichzeitig der Protagonist ist)? Schafft es die Autoknackerbande tatsächlich, alle 50 Wagen zu stehlen? Alles Fragen, die in der Logline noch ungeklärt bleiben, der Film funktioniert mit beiden möglichen Enden.

Hier haben wir jedoch einen Sonderfall, denn hier ist das Ende des Films nicht nur einfach das Ende des Films, das Ende *ist* der Film, im Sinne des Plots. Das ganze Drehbuch führt darauf hin, dass der scheinbar unbedeutende kleine Gauner die ganze Zeit über jeden, auch den Zuschauer, an der Nase herumgeführt hat und in Wahrheit selbst der berüchtigte Unterweltboss ist. Da es sich beim Ende also um den Clou des Films handelt, ist es bereits in der Logline aufgeführt.

6. THE SIXTH SENSE

Ähnlich verhält es sich hier. Obwohl der Film ohne das Ende funktionieren würde und eine klassische Mystery-Geschichte wäre, lebt er doch von dem finalen Wendepunkt, in dem der Protagonist erkennt, dass er selbst die ganze Zeit tot ist.

Dieser Umstand gehört also auch hier auf jeden Fall in die Logline, macht er doch den Film überhaupt erst aus. Weiterhin lässt uns die Logline die freie Wahl was das Setting betrifft, das Genre bleibt – wie schon gesagt – Mystery. Sobald Sie nämlich irgendwelche übernatürlichen Phänomene einbringen, sozusagen den Pfad der realen Welt verlassen, schlägt sich das direkt auf das Genre nieder (siehe dazu *Das Genre*).

7. SPEED

Wieder eine ganz einfache Logline – spricht für einen Actionfilm und ein solcher ist es auch. Das Element der Geschwindigkeit, essentiell in diesem Genre, ist hier bereits in der Logline zu finden, alles andere kann sich der Autor nach Herzenslust drumherum aufbauen.

8. NOTTING HILL

Ganz klar eine Liebesgeschichte, genauer gesagt eine Romantic Comedy. Schwerpunkt der Logline ist hier immer ein bestimmtes Element, welches die Liebesgeschichte von anderen abhebt und ihr Originalität verleiht, denn sonst droht schnell die Gefahr, dass Sie sich in Klischees verrennen. Zwei Menschen verlieben sich, finden zueinander, kämpfen gegen Hindernisse, die Beziehung droht zu zerbrechen.

Klar, das hat jeder von uns schon einmal erlebt, das lockt einen noch nicht ins Kino. Aber was, wenn ein Durchschnittstyp wie Du und ich mitten auf der Straße eine bildhübsche Frau fast umrennt, in die er sich verliebt – nur ist sie ein gefeierter Filmstar aus Hollywood? Das ist im Beispiel von NOTTING HILL der Originalitätsfaktor, der bei einer Romantic Comedy immer in die Logline gehört.

9. DAS LEBEN DER ANDEREN

Das Besondere hieran ist, dass wir uns nicht nur bereits in der Logline auf Genre (Drama) und Setting (die DDR Anfang der 80er) festlegen, sondern, dass hier ein Thema gewählt ist, das sich zumindest auf den ersten Blick auch noch regional beschränkt. Die Tragik eines Lebens in dem Überwachungsstaat DDR ist natürlich prinzipiell zunächst nur dem deutschen Zuschauer zugänglich. Herausforderung an den Autor ist es nun, so sensibel mit dem Thema umzugehen, dass sich jeder Zuschauer weltweit mit der Geschichte identifizieren kann, ungeachtet der politischen und kulturellen Hintergründe. Dass dies dem Autor gelungen ist, zeigt der internationale Erfolg des Films, der sogar als bester ausländischer Film mit dem Oscar ausgezeichnet wurde.

10. THE MATRIX

Hier haben wir eine große Herausforderung an die Logline, denn das Thema des Films ist sehr komplex und sehr abgehoben. Die Drehbuchschreiber hatten von Anfang an eine Geschichte im Sinn, die einerseits sehr philosophisch ist und sich mit den Grundfragen der Existenz und Identität beschäftigt, andererseits aber auch optisch überzeugt und viel Action bietet.

Keine leichte Aufgabe, wenn man bedenkt, dass die meisten intellektuellen Filme in der Regel nur eine Handvoll Zuschauer ins Programmkino locken, während die meisten Blockbuster zwar mit viel Action, nicht aber mit einer intelligenten Story überzeugen. Die Logline trägt dem Rechnung, indem sie in zwei Sätzen beide Grundelemente der Story aufgreift und in einen Kontext stellt, so dass kein Element überflüssig wirkt.

Auf das Genre legt sich der Autor von Anfang an fest: Die Welt als Computersimulation, in der menschliche Körper von Maschinen gehalten werden – das ist natürlich Science Fiction.

Fazit:

Die Logline also fasst nicht nur die Handlung in wenigen Worten zusammen, sie erzählt uns bereits jetzt schon sehr viel über das fertige Konstrukt. Sie gibt Hinweise auf Genre und Setting, sie legt eventuell den Protagonisten fest und seine Motivation, manchmal auch schon den Konflikt. Ist die Logline bereits gut und überzeugend, vielleicht sogar originell, bildet sie eine gute Basis, um daraus einen großartigen Film zu entwickeln.

Auf dieser Basis hat das Drehbuch einen soliden Halt, man kann sich immer daran orientieren. Nicht selten wirkt ein Film deshalb ein bisschen verworren und abschweifend, weil sich das Drehbuch vom roten Faden des Films entfernt, eben der Logline. Manche Autoren schreiben sie sich deshalb auf ein Blatt Papier und heften es sich über ihren Schreibtisch, um nie aus den Augen zu verlieren, worum es im Film eigentlich geht – keine schlechte Idee, wie ich finde!

Woher kommt die Idee?

Jetzt wissen sie also schon einmal, wie Sie Ihre Grundidee formulieren müssen. Woher Sie sie aber nehmen, das bleibt komplett Ihnen selbst überlassen. Je nachdem, woher Sie ihre Idee beziehen, ob aus Ihrem eigenen Leben oder auf Basis von geschichtlichen Ereignissen, ob auf literarischen Vorlagen basierend oder ob Sie ein Remake eines alten Films machen wollen – all das hat großen Einfluss darauf, auf welche Art und mit welchen Methoden Sie sich ganz am Anfang an Ihr Projekt heranwagen können oder müssen.

Eigene Idee

Sie haben eine Idee zu einem Film, die komplett auf Ihren eigenen Mist gewachsen ist? Wunderbar, da lässt sich wenig dazu sagen! Wichtig natürlich – aber das gilt für alle Stoffe – ist, dass Sie sich zuallererst klar machen, ob der Stoff überhaupt fürs Kino bzw. für einen Film geeignet ist. Das ist entscheidend, schließlich möchten Sie Ihren Stoff auch an den Mann bringen. Und wenn der Produzent oder Redakteur das Gefühl hat, dass er mit dem Film zu wenige Zuschauer anlocken kann, wird er Ihren Stoff nicht annehmen. Deshalb fragen Sie sich zuallererst, ob Ihr Stoff wirklich ansprechend ist.

Das soll nicht heißen, dass Sie nur leicht verdauliche niveaulose Kost servieren sollen, ganz im Gegenteil. Das heißt lediglich, dass Sie sich ein bisschen in den Zuschauer einfühlen müssen. Werden Sie sich, noch bevor Sie die erste Seite zu Papier bringen, darüber im Klaren, ob auch andere Leute, die nicht Ihrem Geschlecht, Bildungsstand oder familiären Hintergrund entsprechen, mit Ihrer Geschichte etwas anfangen können.

Im Idealfall sind die Emotionen, die in Ihrer Geschichte geweckt werden, so universell, dass Sie von jedem nachgefühlt werden können und die Geschichte, egal wann und wo sie spielt, Anteilnahme erweckt. Der Zuschauer muss mit den Figuren fühlen, tut er das nicht, wird er schnell das Interesse verlieren und im schlimmsten Fall den Kinosaal verlassen.

Lassen Sie sich nicht dazu hinreißen, aufgrund eines unbegründeten Vorurteils Ihren Stoff fürs Fernsehen mit weniger liebevoller Kleinarbeit und weniger Niveau zu gestalten. Sicher, der Zuschauer lässt sich Sonntag abends vor dem Fernseher lieber treiben, und schließlich kostet es ihn nichts, zuzuschauen – aber (und das kennen Sie von sich selber) zur Not liegt die Fernbedienung nicht weit und es wird auf den nächsten Kanal geschaltet, der vielleicht etwas Spannenderes im Programm hat.

Also noch einmal: Egal für welches Medium, ob Kino oder Fernsehen, egal für welches Genre, Drama oder Komödie – bemühen Sie sich um Originalität und Universalität. Originalität heißt, dass selbst bei der plattesten und dennoch schönen Romantic

Comedy irgendein kreativer Funke da sein sollte, der ihr Drehbuch von anderen abhebt, sonst verschwindet es schnell in der Versenkung. Universalität bedeutet, dass der Film nicht nur Ihnen gefallen muss, sondern einem möglichst breiten Publikum, denn nur dann hat Ihre Idee überhaupt erst eine Chance, realisiert zu werden.

Ein gutes Drehbuch sollte einen eigenen Stil haben und sich nicht nur rein in der Geschichte, sondern vor allem in der Art, wie es erzählt ist, von anderen abheben. Universalität heißt auch, dass selbst wenn die Geschichte „vor langer Zeit, in einer weit, weit entfernten Galaxis" spielt, Themen im Vordergrund stehen sollten, die ganz universell praktisch jeden ansprechen und mit denen sich jeder identifizieren kann – wie gerade erfolgreiche Science Fiction und Fantasy wie z.B. STAR WARS und HERR DER RINGE eindrucksvoll beweisen.

Es ist essentiell für Sie als Drehbuchschreiber, ein Gespür dafür zu entwickeln, wie man eine gute Geschichte erzählt. Dazu gehören Motive und Themen genau so wie die Kenntnis um die Struktur.

Literarische Vorlage (Kurzgeschichte, Roman, Gedicht oder Theaterstück)

Gehören Sie auch zu den Menschen, die es total nervt, wenn Leute im Kino eine Literaturverfilmung gesehen haben und wieder einmal sagen „Na ja, das Buch war aber besser ...?" Wenn ja, dann haben Sie ein wichtiges Prinzip der Literaturverfilmung verstanden: Ein anderes Medium folgt komplett anderen Gesetzen und ist somit nicht vergleichbar. Ob HERR DER RINGE, HARRY POTTER, DAS PARFUM oder THE DAVINCI CODE, immer muss man sich anhören, dass das Buch doch besser sei.

Wenn ich aber doch ein Buch, welches mir teilweise wochenlanges Lesevergnügen bringt, tatsächlich mit einem zweistündigen Film vergleiche, ist es, als beschwerte ich mich bei einer Theaterverfilmung darüber, dass es keine Bühne und kein Publikum gibt und mit echten Kulissen gearbeitet wird. Auf diese Idee käme natürlich niemand, weil jedem klar ist, dass für Theater und Film, als die verschiedenen Medien, die sie nun mal sind, selbstverständlich verschiedene Regeln gelten. Theater hat Bühne, Publikum, Kulissen und Requisiten, Film nicht – ganz einfach.

Nun ist es bei Romanen nicht anders, aber das scheint noch nicht in die Köpfe vieler Zuschauer vorgedrungen zu sein. Hinzu kommt, dass eine Verfilmung unabhängig von der Vorlage immer als eigenständiges Kunstwerk verstanden werden möchte - und auch sollte. Niemand würde den gigantischen Entstehungsprozess eines kompletten Films auf sich nehmen, wenn am Ende nur ein mauer Abklatsch einer großartigen Vorlage zu erwarten wäre. Halten wir uns einmal Folgendes vor Augen:

Ein Roman ist, wie eingangs erwähnt, ein sehr künstlerisches Werk. Niemand hält sich an Regeln, es gibt keine feste Struktur, der jedes Buch folgen muss, der Autor schreibt drauflos und das Ergebnis liegt fest in seiner Hand. Und wenn er möchte, kann er einen dicken Wälzer komplett als inneren Monolog schreiben oder sich 300 Seiten Zeit lassen, seine Figuren einzuführen. Vielleicht möchte er nicht einmal einen Konflikt in seine Geschichte einbringen, sondern einfach nur Stimmungen beschreiben. Gelingt ihm das gut, wird es vielleicht ein phantastisches Buch, aber setzen Sie das eins zu eins um und Sie erhalten mit ziemlicher Sicherheit einen miserablen Film. Warum? Na klar, weil der Film seinen eigenen Gesetzen folgt.

Was das genau heißt, dazu kommen wir später (siehe 3. *Das Drehbuch*), aber machen Sie sich jetzt schon mal bewusst, dass wenn Sie mit einer literarischen Vorlage arbeiten, Sie Ihr Drehbuch auf die Regeln des Mediums Film ummünzen, sozusagen übersetzen, müssen.

Wie das im speziellen Fall aussieht, ist von Buch zu Buch verschieden. Vielleicht haben Sie damit gar keine Probleme, da die Vorlage, beispielsweise ein Thriller, narrativ schon sehr dicht ist, einen eindeutigen Protagonisten hat und auf ein Ziel zuläuft. Diese Struktur ähnelt bereits sehr der eines Drehbuches, so dass bei der Adaption keine größeren Probleme auftauchen sollten. Jetzt stellen Sie sich aber mal vor (was heißt vorstellen, nehmen Sie doch mal eins der zahlreichen Beispiele!), ein Buch, ein dicker Wälzer, nimmt sich ungewöhnlich viel Zeit für die Einführung der Hauptfiguren, spannt mehrere riesige Handlungsbögen, enthält nicht einen, sondern gleich drei Höhepunkte über das ganze Buch verteilt und zudem noch viel inneren Monolog bei wenig äußerer Handlung. Jetzt packen Sie das alles in einen Film! Sie wollen aber weder einen Experimentalfilm daraus machen, noch einen Mehrteiler, noch zwei oder drei gänzlich verschiedene Filme aus demselben Stoff. Was tun Sie also? Streichen und Umkonstruieren.

Eine zwar zeitaufwendige, aber ganz einfache und effektive Übung: Nehmen Sie sich einmal Ihr Lieblingsbuch zur Hand und lesen Sie es vor dem Hintergrund, ein Drehbuch daraus entwickeln zu wollen. Vielleicht werden Sie sich Notizen dabei machen wollen oder schreiben sogar jede einzelne „Szene" nieder. Machen Sie sich ruhig ein bisschen Mühe, schreiben Sie dazu, welche Personen an jeder einzelnen Szene beteiligt sind und welche Schauplätze vorkommen. Am Ende haben Sie dann die Struktur des Buches insofern vor sich liegen, als dass Sie die einzelnen Szenen schematisch aufgeführt sehen.

Jetzt lässt sich schon einmal an der Anzahl der Szenen und an ihrer Dauer zumindest grob sagen, wie lang ungefähr ein Film wäre, der dieses Buch eins zu eins umsetzt. Was schätzen Sie, fünf Stunden? Sechs? Auf jeden Fall zu lang! Also allein aus rechnerischen Gründen müssen Sie kürzen. Aber welche Szenen? Ein paar werden Sie auf Anhieb verschmerzen können, streichen Sie sie. Bleibt vielleicht Material für vier Stunden Film, und das Schlimmste kommt noch: Sie werden merken, dass das, was bleibt, in der Regel nicht dem gerecht wird, was man von einem Film erwartet.

Wie setzen Sie inneren Monolog um, wie die Gedanken der Figuren, ihre Erinnerungen, die allesamt im Buch über mehrere Seiten beschrieben und wichtig für die Entwicklung der Story sind? Wie bringen Sie ihre Lieblingsszene unter, die zwar brillant und originell geschrieben ist, jedoch nichts zum Fluss der Handlung beiträgt? Und schon bekommen Sie eine Ahnung davon, vor welchem Dilemma ein Drehbuchautor steht, der ein Buch in einen Film umsetzen möchte.

Denn wie bereits dargelegt: Film folgt seinen eigenen Gesetzen, und diese unterscheiden sich nun mal deutlich von denen eines Buchs. Es gibt immer eine bestimmte Struktur der Handlung, nach der sich ein Film richtet, ungeachtet des Genres. Bücher tun dies nicht. Wann also kann eine Buchverfilmung als gelungen bezeichnet werden? Wenn Sie den Geist, die Stimmung und die Aussage der Vorlage eindrucksvoll transportiert. Dafür müssen nun einmal Szenen gestrichen werden, oft sogar ganze Charaktere, in der Regel müssen gänzlich neue Szenen oder auch neue Figuren hinzukommen, um den Anforderungen des Mediums Film gerecht zu werden.

Es ist auch die Frage, welche Ansprüche Sie an Ihr Drehbuch haben: Soll der Film das Buch nahezu werkgetreu auf die Leinwand bringen oder lose von der Grundidee inspiriert sein? Handelt es sich bei der Vorlage um einen Roman oder um eine Kurzgeschichte? Vielleicht um ein Theaterstück oder sogar um einen Comic?

Schauen wir uns DAS PARFUM noch einmal genauer an. Das Buch handelt von einem Mann, der eine außergewöhnliche Fähigkeit besitzt – den absoluten Geruchssinn. Als Waisenkind in ärmsten Verhältnissen im Paris des 17. Jahrhunderts aufgewachsen, bringt ihn seine Obsession von Düften dazu, junge Frauen umzubringen, um aus ihnen den perfekten Duft zu destillieren. Es gelingt ihm, und dadurch, dass er mit diesem Elixier alle Menschen um sich herum förmlich verzaubert, kann er seiner Hinrichtung entkommen. Bei der Verfilmung dieses Stoffes entschied sich Produzent und Co-Autor Bernd Eichinger, möglichst nah an der Buchvorlage zu bleiben. In mehrfacher Hinsicht eine große Herausforderung, und im Ergebnis eine echte Bereicherung – also gehen wir am besten ins Detail:

1. Das Setting

Aus Gründen der Aktualität oder einfach nur aus Kostengründen verlegen Literaturverfilmungen ihre Handlung oft von der Spielzeit und den Schauplätzen des Buches ins Hier und Jetzt, das heißt bei den meisten Hollywood-Produktionen also ins Amerika der Gegenwart. Beispiele hierfür sind KRIEG DER WELTEN aber auch ROMEO + JULIA (der mit Leonardo DiCaprio).

Ein klassisches Beispiel stellt der Kalte Krieg dar: So gut wie jeder Polit-Thriller, der in dieser Zeit geschrieben wurde, thematisiert den Ost-West-Konflikt und die Gefahr einer Eskalation zum Dritten Weltkrieg. Jeder Film, der aber nach 1990 gedreht wurde, verlöre natürlich an Aktualität, wenn er das ebenfalls täte. Aus diesem Grund suchte man sich andere Feindbilder – der Plot blieb gleich, nur waren die Russen nun nicht mehr die Bösen, sondern eben andere, aktuellere Feindbilder, in neuester Zeit nach den Anschlägen vom 11. September natürlich die Araber.

Manchmal spielen jedoch ganz andere Faktoren eine Rolle: Das Buch *Das Urteil* von John Grisham aus dem Jahre 1996 handelt von der Familie eines Lungenkrebsopfers, die die großen Tabakkonzerne verklagt. Drei Jahre später kam mit THE INSIDER ein Film ins Kino, der auf wahren Begebenheiten basiert und eine ähnliche Problematik thematisiert. Die Verfilmung des Buchs von John Grisham vier Jahre später variiert deshalb das Grundthema – in Anbetracht des Film THE INSIDER hätte eine werkgetreue Verfilmung wohl reichlich unoriginell gewirkt. In der Verfilmung DAS URTEIL ist es deshalb nicht die Tabak-, sondern die Waffenindustrie, die nach einem Amokschützen zur Zielscheibe der Justiz wird. Die Änderung des Plots hilft, Originalität zu wahren, dennoch bleiben die Story und der Geist des Buchs erhalten.

Abgesehen von solchen Faktoren, die abhängig von den äußeren Umständen sind, opfert eine Literaturverfilmung also immer die Nähe zum Buch zu Gunsten einer gewissen Aktualität, die die besondere Brisanz und Identifikationsmöglichkeit des Films ausmacht. DAS PARFUM nun tut das nicht – warum auch, erhält doch die Geschichte einen besonderen Charme gerade eben durch den Hintergrund des vorrevolutionären Frankreichs, einer Zeit und ein Ort, wo Düfte, das Grundthema des Buchs, eine ganz große Rolle spielten. Das Buch von Patrick Süßkind, 1985 zum ersten Mal erschienen und seitdem in über 45 Sprachen übersetzt, wurde bisher über 15 Millionen mal verkauft. Es versteht sich also, dass die Messlatte dementsprechend hoch gesetzt ist, denn wenn nur ein Bruchteil derer, die das Buch gelesen haben, den Film sehen und ihn mit der Vorlage vergleichen, sehen sich die Filmemacher (und allen voran die Drehbuchschreiber) mit den allerhöchsten Erwartungen konfrontiert.

Diesen Umstand hat man natürlich eher nicht bei einem sehr unbekannten Buch, welches bislang nur einem sehr kleinen Leserkreis zugänglich war – aber andererseits ist der Reiz dann sicherlich auch ungleich kleiner. Und außerdem, da man niemals die finanziellen Aspekte außer acht lassen sollte, lockt die Verfilmung eines Buchs, das bereits ein großer Erfolg war, auch dementsprechend mehr Zuschauer in die Kinos und vor den Fernseher. Vielleicht ein Grund, weshalb Patrick Süßkind selbst nach über fünfzehn Jahren sich doch entschieden hat, die Rechte an dem Stoff zu verkaufen.

2. Die Besonderheit der Vorlage – Gerüche

Ein anderer Grund für sein langes Zögern zeigt wieder sehr gut, in welcher Weise man umdenken muss, wenn man ein Buch adaptiert: Die scheinbare Unverfilmbarkeit von Elementen, die man auf den ersten Blick unmöglich für einen Film adaptieren kann. In der Vorlage wird über lange Teile die sehr intensive Sinneswahrnehmung des Riechens beschrieben, das Buch lebt förmlich von den Eindrücken Grenouilles und seiner Nase.

Aber wie transportiert man das in einen Film? Eine Frage, die sich wohl jeder – unabhängig davon, ob er das Buch gelesen hat – stellt, bevor er den Film sieht. Darüber sollte man sich als Drehbuchautor unbedingt im Klaren sein. Deshalb, wenn Sie eine Kurzgeschichte, einen Roman oder ein Theaterstück für die Leinwand bzw. fürs Fernsehen adaptieren wollen, achten Sie nicht nur auf die filmische Struktur und den Plot, sondern finden Sie heraus, welche Besonderheiten der Vorlage ihren Reiz ausmachen und überlegen Sie, wie Sie das am effektivsten in den Film transportieren können; denn vor allem daran wird er sich messen lassen müssen.

Im Falle von DAS PARFUM ist das nach einhelliger Meinung sehr gut gelungen, bereits die erste Szene auf dem Pariser Fischmarkt lässt den Zuschauer die Atmosphäre und die Gerüche der Szenerie äußerst lebhaft nachempfinden. Auch die anderen Szenen erreichen dies, ohne auf Tricks wie z.B. Beschreibungen der Gerüche zurückgreifen zu müssen.

Die Autoren machten sich dabei das Prinzip der Assoziation zu Nutze, denn Verwendung findet im Film immer lediglich das, was man sieht oder hört. Mit dem Wissen allerdings, dass der Mensch bestimmte Sinneseindrücke mit anderen automatisch verknüpft, gelang der Kniff, die mit dem Medium Film nicht greifbaren Gerüche in den Köpfen der Zuschauer lebendig werden zu lassen, wenn die Bilder und Geräusche nur ausreichend intensiv sind. Ein Umstand, dem bereits das Drehbuch Rechnung tragen muss, denn auch wenn die Umsetzung später natürlich in den Händen von Regie, Kamera und Post-Produktion liegt, sollte schon beim Lesen des Drehbuchs die Szene und ihre Assoziation lebendig wirken, um auf Anhieb zu überzeugen.

Wie Sie die Besonderheiten ihrer Vorlage transportieren, bleibt Ihrer Phantasie überlassen. Es gibt unzählige mehr oder weniger originelle Möglichkeiten, nutzen Sie sie. Ob das ein allwissender Erzähler ist, der aus dem Off die Bilder kommentiert (auch dieses Stilmittel wird in DAS PARFUM verwendet), eine Rückblende, eine besondere Geräuschkulisse oder ein herausragendes optisches Motiv – die Begrenzung des Films ausschließlich auf Elemente, die man sehen oder hören kann, hält immer noch zahllose Möglichkeiten bereit, die Phantasie des Zuschauers zu inspirieren. Ein guter Autor wird dies auch immer ausnutzen wollen.

3. Der Protagonist

Die Hauptfigur, Jean-Baptiste Grenouille, ist im Buch sehr introvertiert, fast schon autistisch. Er äußert sich oft über lange Zeit überhaupt nicht, ein Manko, welches sich im Buch immer mit Sprache auffüllen lässt. Im Film jedoch funktioniert das nicht so ohne weiteres, was es zunächst schwierig macht, sich mit Grenouille zu identifizieren. Dies ist jedoch unumgänglich, da eine Figur ohne Identifikationsmöglichkeit in einem Drehbuch nichts zu suchen hat, und schon gar nicht als Protagonist.

Dieses narrative Problem wird im Film bewusst angegangen und dadurch entschärft, dass man einen allwissenden Erzähler aus dem Off Szenen bildhaft kommentieren lässt, was besonders bei den Szenen, die Grenouille alleine zeigen, sehr hilfreich ist. Denn auch wenn er ein Freak, ein Ausgestoßener und ein Monster ist, das junge Frauen umbringt, erscheint er doch im Film als ein Mensch, der letztendlich nur nach Liebe und Anerkennung sucht.

Diesen elementaren Charakterzug würde man als Zuschauer kaum wahrnehmen, wenn sich der Film auf Bilder und spärliche Dialoge beschränken würde. Der Erzähler setzt hier an und schafft Nähe zu einer Figur, der man auf Anhieb eigentlich gar nicht nah sein möchte, und doch er tut das mit Erfolg. Sie merken also, so ganz ohne Tricks und Kniffe kommt man oft nicht aus, wenn man nah am Buch bleiben möchte.

Der Erzähler ist zwar selten die eleganteste Methode und oft ein beliebtes Mittel, um sich ohne viel Aufwand aus der Affäre zu ziehen, hier jedoch ist er unumgänglich. Denn wie entgeht man dem Dilemma, einen fast stummen Protagonisten alleine einen hunderte von Kilometern langen Weg ohne Dialog gehen zu lassen? Der Erzähler erfüllt hier nebenbei auch noch eine zweite Funktion, indem er den Ton des Buchs aufgreift und somit die Verbindung zur Vorlage knüpft.

Filmische Vorlage

Leichter haben Sie es, wenn Sie statt eines Buchs einen anderen Film in ein (neues) Drehbuch packen wollen. Das Grundgerüst, welches Sie sich bei der Literaturverfilmung erst aufwendig ausarbeiten müssen, steht bereits. Die Kunst ist es hier, den ursprünglichen Film neu zu interpretieren, vor dem Hintergrund einer neuen Ausgangssituation zu adaptieren und wenn nötig einem anderen kulturellen Hintergrund anzupassen.

Erinnern Sie sich noch an das Remake von PSYCHO mit Vince Vaughn und Anne Heche? Macht nichts, der Film verschwand ganz schnell wieder in der Versenkung. Der Grund dafür ist ganz einfach – ohne etwas Neues hinzuzufügen, kopiert der Film jede Kameraeinstellung des Originals und behält sogar dessen Musikuntermalung bei. Dieser natürlich als Experiment gedachten Neuauflage mangelt es eben aus diesem Grund doch sehr an Reiz.

Abgesehen davon ist es immer problematisch, ein Meisterwerk der Filmgeschichte noch einmal neu zu interpretieren. Niemand käme ernsthaft auf die Idee, ein Remake von DER PATE, CITIZEN KANE oder STAR WARS drehen zu wollen – hoffe ich zumindest. Die Rechte für solche Filme zu bekommen, dürfte abgesehen davon schwierig werden, speziell in Deutschland. Dankbarer ist es daher immer, einen zwar guten, aber dennoch relativ unbekannten Film neu zu interpretieren. Dennoch, möchte ein Autor mit Talent sich an ein Remake eines schon bestehenden Films wagen, sollte er sich keinesfalls davor scheuen, sich auch an große Vorbilder heranzuwagen (sofern die Rechtsfrage geklärt ist). Aber es ist unerlässlich, auch hier kreativ zu sein. Da Sie natürlich nicht bloß eine Eins-zu-Eins Kopie des Originals schreiben möchten, gibt es einige Fragen, die Sie sich stellen sollten, bevor Sie ans Werk gehen:

1. Ist der Stoff noch zeitgemäß?

Kommunistische Spione, die die vor Angst vor einem Atomkrieg gelähmte amerikanische Gesellschaft infiltrieren? Ein sicher spannendes Thema, damals wie heute. Um aber einen packenden Thriller für die heutige Zeit daraus zu machen, und nicht nur eine Zeitstudie, bedarf es einiger Modifikationen am Plot.

So geschehen in DER MANCHURIAN KANDIDAT mit Denzel Washington aus dem Jahre 2003, einem Remake von BOTSCHAFTER DER ANGST von 1962. In der Vorlage wird Frank Sinatra als ehemaliger Soldat von Visionen aus dem Korea-Krieg heimgesucht. Er und seine Einheit wurden im Krieg einer Gehirnwäsche unterzogen, die einen von ihnen als kommunistischer Attentäter, als Schläfer, ins Weiße Haus einschleusen sollte. Drahtzieher sind die Nordkoreaner und die machthungrige Mutter des Schläfers, ebenfalls eine kommunistische Spionin. Im Remake nun stand man vor der Problematik, diesen Plot zwar in seinen Grundzügen beizubehalten, ihn jedoch zeitgemäß aufzuarbeiten.

Da die von kommunistischen Spionen ausgehende Gefahr nun nicht mehr glaubwürdig wäre, musste der Plot der heutigen Weltordnung angepasst werden, um die Bedrohung real wirken zu lassen. Man entschied sich für den Irakkrieg von 1991 als Kriegshintergrund, doch ist es hier nicht der Feind, der hinter der Gehirnwäsche steckt, sondern ein multinationaler Konzern, der seine eigenen Interessen verfolgt. Dies ist plausibel, da bis auf den nur schwer greifbaren Terrorismus in der heutigen Zeit ein konkretes Feindbild fehlt, dabei aber vor dem Hintergrund der Globalisierung die Strukturen und Absichten der großen Konzerne immer undurchschaubarer werden. Ob die Spannung und die Intensität des Originals dabei erreicht werden, sei dahingestellt (ist auch nicht ausschließlich eine Frage des Drehbuchs), aber das Beispiel zeigt klar den Mechanismus einer zeitgemäßen Aufarbeitung alter Stoffe.

„Zeitgemäß" heißt dabei nicht ausschließlich auf die Gegenwart bezogen. Vielleicht möchten Sie Ihren Film in der Vergangenheit spielen lassen, oder in der Zukunft. Nichts spricht dagegen – aber lassen Sie ihn immer in der Gegenwart interessant sein! Gute Science-Fiction z.B. lebt davon, aktuelle Themen zu abstrahieren und, obwohl die Story in der Zukunft spielt, den Bezug zur Gegenwart herzustellen.

2. Wie kann ich den kulturellen Hintergrund anpassen?

Martin Scorsese war sehr beeindruckt von dem Film INFERNAL AFFAIRS, einem Thriller aus Hongkong, in dem es darum geht, dass ein Gangsterboss der chinesischen Mafia einen Maulwurf bei der Polizei hat, während diese ihrerseits undercover einen ihrer Männer in seine Organisation eingeschleust hat. Beide ahnen nichts voneinander, erst als sich ihre Wege kreuzen, laufen sie Gefahr, enttarnt zu werden.

Ein zeitloser, bereits in sich spannender Plot, den Scorsese genial adaptierte und an amerikanische Verhältnisse anpasste. Man verlegte die Handlung nach Boston, aus der chinesischen Mafia wurde die irische. Bis in die Nebenrollen hervorragend besetzt und perfekt in der Umsetzung ist THE DEPARTED ein exzellentes Beispiel dafür, wie ein Remake nicht nur die Klasse des Originals erreichen, sondern auch noch übertrumpfen kann – die Academy sah das genauso und belohnte den Film bei der Oscar-Verleihung 2007 mit den Trophäen für den Besten Film, die Beste Regie, den Besten Schnitt und das Beste adaptierte Drehbuch.

3. Oder lieber alles so lassen?

Sie lieben einen bestimmten Film und möchten ein Remake davon schreiben, aber irgendwie stimmt alles schon? Die Story – zeitlos! Das Setting – damals wie heute reizvoll! Die Figuren – klassisch! Warum also eine Neuauflage?

Weil es einfach Spaß macht, sich an etwas Altes heranzuwagen und ihm einen neuen Schliff zu verpassen, vielleicht einfach als Hommage ans Original. Naja, und weil man sich vielleicht auch finanziellen Erfolg erhofft, zugegeben. Alles in allem genau die Gründe, warum es z.B. in der Musikwelt unzählige Coverversionen von verschiedensten Stücken gibt.

Viele davon sind überflüssig, viele einfach verhunzt, aber manche sind wirklich gelungen, stilvoll und lassen letztendlich auch das Original in einem ganz neuen Glanz erscheinen. Beispiele dafür sind (aus der Filmwelt) unter anderem NUR NOCH 60 SEKUNDEN, PAYBACK, THE ITALIAN JOB und ganz besonders OCEAN'S 11. Alles Filme, die den Ton und den Plot des Originals beibehalten, die Schauplätze größtenteils ebenfalls und die Zeit lediglich in die

Gegenwart verlagern. Im besten Fall übersteigen stilvolle, gut gemachte Remakes sogar ihr Original an Bekanntheitsgrad, oder ziehen wie im Fall von OCEAN'S 11 sogar eine oder mehrere Fortsetzungen nach sich, während das Original alleine steht.

Und mal Hand aufs Herz: Die oben genannten Beispiele werden Sie sicher alle kennen, aber haben Sie auch die dazugehörigen Originale gesehen? Wussten Sie überhaupt, dass es sich bei allen um Remakes handelt? Sehen Sie!

<u>Fassen wir also zusammen:</u>

Wenn man sich daran wagt, einen bereits existierenden Film noch einmal neu aufzulegen, also ein Remake schreiben möchte, ist es vollkommen unerheblich, wie alt oder aus welchem Land die Vorlage ist – nur seien Sie kreativ, passen Sie Ihr Drehbuch an das an, was *heute* und *hier* von Interesse ist.

Wo und wann Ihr Film spielt, bleibt Ihnen überlassen, aber haben Sie immer Ihr Publikum im Auge. Sie werden, wenn Sie mit einer Vorlage arbeiten (und das gilt für ein Remake ganz besonders), immer mit dem Vorurteil zu kämpfen haben, dass das Original voll und ganz genügt und ein Remake absolut überflüssig ist. Wollen Sie das Gegenteil beweisen, muss sich Ihr Werk gerade weit genug vom Original abheben, dass es eine eigene Note hat und in die Zeit passt, aber nah genug am Original bleiben, um seinen Geist zu bewahren, sonst kommt sehr schnell der Vorwurf, dass Sie nur abgekupfert hätten. Und das ist das Schlimmste, was Ihnen passieren kann. Denn gleich, welche Art von Vorlage Sie für Ihr Drehbuch haben, der fertige Film muss immer als eigenständiges Werk bestehen, und mangelnde Originalität fängt bereits beim Drehbuch an – also bei Ihnen.

Fragen Sie sich deshalb, wie ein Film aussehen müsste, den man sich gerne anschaut, auch wenn man das Original mag; was Sie ändern und was Sie beibehalten wollen, damit eine Neuauflage wirklich sehenswert wird.

Wahre Begebenheiten

Wir steigern uns langsam – denn wesentlich schwieriger, als anhand einer Vorlage ein richtig gutes Drehbuch zu schreiben, ist es, ein Drehbuch zu schreiben, das auf wahren Begebenheiten basiert. Das kann eine Naturkatastrophe sein (DIE STURMFLUT, DER STURM), ein Verbrechen (FROM HELL, ZODIAC), vielleicht eine sehr menschliche Tat in Krisenzeiten (SCHINDLERS LISTE, HOTEL RUANDA) oder eine politische Krise (THIRTEEN DAYS), und die Liste ginge noch viel, viel weiter …

Jede Meldung, die es wert ist, als Schlagzeile in der Zeitung zu stehen, hat das Potential zu einem guten Film, nicht zuletzt deshalb sind Zeitungen und Fernsehberichte eine der wichtigsten Inspirationsquellen für Drehbuchautoren. Gleichzeitig bringt man sich in eine Misere: Hat man bei einer Adaption nur eine Quelle, sei es ein literarisches Werk oder aber ein Film, sind es hier meist unzählige, und zwar in verschiedenster Form.

Zu oft bereits sehr vielen Augenzeugenberichten kommen meist noch unzählige Zeitungsartikel, Berichte und Protokolle hinzu. Oft wurden bereits ein oder mehrere Bücher unterschiedlichster Qualität zu dem Ereignis geschrieben. Deshalb heißt es hier noch mehr als sonst: Recherche, Recherche, Recherche! Nun ist es zwar nicht unbedingt immer möglich, aber auch nicht unbedingt notwendig, die Realität absolut wirklichkeitsgetreu abzubilden. Wie bei einer literarischen Vorlage werden Sie oft gezwungen sein, das ein oder andere Detail aus dramaturgischen Gründen abzuändern – das ist gar nicht so schlimm, denn unterm Strich wollen Sie natürlich vor allem einen guten und spannenden Film machen, keine Dokumentation (Es sei denn natürlich, Sie möchten eben dies doch tun, aber warum sollten Sie dann dieses Buch lesen?).

Sie werden also in der Regel nicht darum herumkommen, realen Ereignissen, die nun mal keinem Drehbuch folgen, eine gewisse dramatische Struktur zu verleihen. Relativ einfach ist dies bei Katastrophen oder äußeren Ereignissen irgendeiner Art, denn dann hilft man sich oft mit einem einfachen Prinzip:

Man hält sich konsequent an die Fakten, bettet diese aber in eine fiktive Geschichte fiktiver Personen ein. Jetzt liegt es an Ihnen: Möchten Sie das Ereignis, auf dem Ihr Film basiert, gleichzeitig auch zum Thema Ihres Films machen, oder soll es nur den Hintergrund für eine ganz andere Geschichte liefern?

Manchmal liefert das Ereignis selbst genug Stoff und genug Spannung für einen guten Film, so z.B. in THIRTEEN DAYS. Keine fiktiven Figuren, keine Liebesgeschichte, keine Familiendramen. Der Film behandelt ausschließlich die schicksalhaften Tage während der Kubakrise 1962 aus der Sicht Präsident Kennedys und seiner Berater. Und er macht das gut! Hier ist es das Ereignis an sich, die Krise, die die Welt bis an den Rand eines Dritten Weltkriegs geführt hat und dem ganzen Film die Spannung verleiht. Möglich gemacht wird dies mit einer Dichte und Authentizität, die dem Zuschauer mitfiebern lässt und ihm das Gefühl gibt, mittendrin zu sein, auch ohne fiktives Beiwerk.

In der Regel aber möchte man dem Film eine „menschliche Note" verleihen, eine Geschichte drumherum erzählen. Oft geschieht dies – wie sollte es anders sein – in Form einer Love Story. Das wohl populärste Beispiel dafür ist wohl der Film TITANIC von James Cameron, der auch das Drehbuch schrieb. Ich hoffe, es bricht für keinen von Ihnen eine Welt zusammen, wenn ich Ihnen sage, nein, weder Jack Dawson noch Rose DeWitt Bukater hat es je gegeben, die beiden sind rein fiktiv. Aber verlassen Sie sich darauf, die Ereignisse jener Nacht des Untergangs, das Schiff selbst in seiner Architektur, die Besatzung, all dies, was im Film gezeigt wird, sind Fakten, die bis ins kleinste Detail recherchiert und realitätsgetreu im Film umgesetzt wurden. James Cameron tauchte sogar höchstpersönlich die 3800m zum Wrack der Titanic, um Filmmaterial zu sammeln und sich ein möglichst perfektes Bild zu verschaffen – nur damit Sie eine Ahnung bekommen, was *wirkliche* Recherche bedeutet! Natürlich nur ein Scherz, keiner wird so etwas von Ihnen verlangen ...

Nur nehmen Sie sich Folgendes zu Herzen: Wenn Sie ein Drehbuch auf realen Ereignissen basieren lassen möchten, erfinden Sie, wenn nötig, eine Geschichte und Personen drumherum, nur leisten Sie sich bei den Fakten keine Schnitzer! Recherchieren Sie, als gäbe es kein Morgen, werden Sie *der* Experte, verschaffen Sie sich einen derart umfassenden Wissensstand über das Ereignis, dass Sie im Schlaf alle Fakten herunterbeten können – nur so wirken Sie glaubhaft!

Sie werden sich wahrscheinlich noch bei der Umsetzung oft genug ärgern, wenn Sie „Ihren" Film sehen, der beispielsweise die Geschichte einer Familie vor dem Hintergrund des Mauerfalls 1989 zum Thema hat, die Leute aber einen Golf III aus Mitte der 90er fahren und im Radio Britney Spears läuft (hatte ihren ersten Hit nicht vor 1999, nur zur Information für die Jüngeren unter Ihnen). Leisten Sie sich also solche Fehler nicht bereits im Drehbuch! Wie ernst könnten Sie als objektiver Zuschauer den Film denn erst nehmen, wenn besagte Filmfamilie dazu noch die Mauer bereits am 3. Oktober einreißt, anstatt einen guten Monat später, nur weil der

Drehbuchautor da was durcheinander gebracht hat? Und nicht immer sind die Fehler so offensichtlich und werden rechtzeitig bemerkt – im schlimmsten Fall nämlich erst, wenn die Szene im Kasten ist.

Ein gutes Beispiel dafür ist auch FORREST GUMP. Der Film begleitet den Protagonisten von seiner Kindheit im Amerika der 50er bis in die frühen 80er. Trotz bester Recherche bleiben kleine Fehler nicht aus: Weder war Apple bereits Mitte der 70er eine Aktiengesellschaft, noch gab es die Zeitung *USA Today* vor 1982., um nur zwei zu nennen. Meist sind es solche – als „Anachronismen" bezeichnete - Zeitfehler, die teilweise bereits im Drehbuch auftauchen und im Zweifelsfall während des gesamten Entstehungsprozesses nicht bemerkt werden.

Seien Sie deshalb immer in Bezug auf Daten, Uhrzeiten, geographische Details und eventuell Requisiten lieber ein wenig zu perfektionistisch als zu schluderig. Sie genießen als Autor, was Ihre Story betrifft, sämtliche Freiheiten, die man sich nur wünschen kann – da ist es nicht zuviel verlangt, wenn wenigstens die Fakten stimmen, oder?

Das Biopic

Ein Subgenre, welches durch viele wirklich großartige Filme der letzten Jahre zunehmend an Popularität gewonnen hat, ist die Verfilmung des Lebens berühmter Persönlichkeiten, das sogenannte Biopic (engl. *bio*graphic *pic*ture).

Thema sind nicht nur Personen aus der Musik- oder Filmbranche (RAY, WALK THE LINE, GREAT BALLS OF FIRE) und geschichtliche Personen (NIXON, PATTON), sondern auch einfach berühmte und schillernde Persönlichkeiten (THE AVIATOR, DAS WILDE LEBEN) oder auch Wissenschaftler (A BEAUTIFUL MIND, KINSEY) – also eigentlich jeder, dessen Leben eine interessante Geschichte zu erzählen hat. Über die Notwendigkeit, die Fakten vernünftig zu recherchieren, muss ich kaum noch etwas sagen. Das Problem, das sich hier stellt, ist vielmehr ein anderes: Wo setze ich an, wo höre ich auf?

Die Personen, um die es geht, sind oft schon tot, in der Regel aber wenigstens sehr alt – es gilt also, mindestens fünfzig, sechzig Jahre eines Menschenlebens auf Filmtauglichkeit abzuklopfen. „Filmtauglichkeit" heißt in diesem Fall, das Erkennen einer dramaturgischen Struktur, die dem generellen Aufbau eines Films (und damit dem eines Drehbuchs) gerecht wird (siehe dazu 3. *Das Drehbuch*).

Zentrales Thema eines Biopics wird demnach immer *der Konflikt* sein. Welche Hürden musste die Person überwinden, durch welche Täler gehen und welche Krisen bewältigen, bevor er oder sie der Mensch wurde, als den man ihn heute sieht? Das ist die zentrale Frage, die Sie sich stellen sollten, wenn Sie ein Biopic planen. Die Bewältigung dieser Krise wird im fertigen Script den dramatischen Höhepunkt und somit den Kernteil des dritten Aktes bilden. Ist die Krise bewältigt oder die Motivation der Hauptfigur befriedigt, ist der Film vorbei. Oder natürlich – ungleich tragischer – wenn die Figur stirbt, vor allem, wenn es plötzlich und unerwartet geschehen ist. Ob Ihr Film also ein Happy End hat oder nicht, bestimmen hier mal ausnahmsweise nicht Sie, sondern das Leben.

Die Parodie

Was ist wohl noch schwieriger, als eine Komödie zu schreiben? Ganz klar, eine Parodie! Bei dieser nämlich reicht es nicht aus, nur witzig zu sein. Sie müssen sich dazu noch richtig gut auskennen mit dem Genre oder den Filmen, die Sie parodieren wollen. Und wenn Sie das auf hohem Niveau machen wollen, müssen Sie diese Filme auch mögen!

Schauen Sie sich einmal wirklich gelungene Parodien an: Die Filme von Mel Brooks (SPACEBALLS, ROBIN HOOD - HELDEN IN STRUMPFHOSEN), DIE NACKTE KANONE, AUSTIN POWERS oder auch neuerdings sehr schön aus Deutschland DER SCHUH DES MANITU, (T) RAUMSCHIFF SURPRISE und DER WIXXER. Sie alle machen sich nicht bloß über ihre Vorbilder lustig, sondern nehmen sie liebevoll auf die Schippe, immer mit einem Augenzwinkern und nie bösartig. Ausschlaggebend ist dabei vor allem die Liebe zum Detail. Eine billige, uninspirierte Parodie wird niemals die Menge an Leuten begeistern können wie die, die es mit ihrem Charme schafft, auch (oder gerade) die Fans des Originals ins Kino zu bewegen.

Hier gilt noch mehr als bei anderen Genres: Lieben Sie Ihre Figuren, lassen Sie sie sympathisch erscheinen und vor allem, seien Sie, was den Plot betrifft, *nicht* kreativ! Wenn Sie einen Haufen kreativer, origineller und noch nie da gewesener Plots in petto haben, toll, her damit – aber nicht in einer Parodie! Der Grund ist ein ganz einfacher: Mehr noch als die meisten anderen Arten von Film lebt die Parodie vom Wiedererkennungswert bestimmter Elemente.

Ein einfaches Beispiel: Nach über zwanzig sich mehr oder weniger ähnlichen James Bond Filmen tat die Produktionsfirma mit CASINO ROYALE sicher sehr gut daran, einen frischen, gegen den Strich besetzten James Bond einzusetzen, mit einem Bösewicht, der nicht das typische böse Genie ist, das die Weltherrschaft an sich reißen möchte. In einer James Bond Parodie jedoch wäre genau das ein Fehler, denn hier möchte der Zuschauer genau die Elemente wieder finden, die er bereits kennt, wenn auch in einer sehr überspitzten Form. Dr. Evil aus der sehr gelungenen Bond-Parodie AUSTIN POWERS stellt eine überspitzte Form des typischen James Bond Bösewichts dar, wie er vor allem in Gestalt von Blofeld in fast jedem alten Bond-Film vorkommt. Ein Poker spielender Bösewicht, der Verbrecher finanziert und auf dem Trockenen sitzt, wenn er das nächste Pokerturnier nicht gewinnt, wäre hier sicher fehl am Platze gewesen, denn auch wenn er so ähnlich in einer Romanvorlage bereits auftaucht, würde der Wiedererkennungswert aus den Filmen fehlen.

Oder DER WIXXER: Der Film parodiert gekonnt die Edgar-Wallace-Filme der 60er Jahre und wirkt dabei deshalb nie übertrieben und niveaulos, weil er viele Details der Originale liebevoll wieder aufgreift. Die Schauplätze, die Kulissen, sogar die Namen der Bösewichter, alles lehnt sich so deutlich an die alten Filme an, dass man, wenn die Gags nicht wären, fast von einem Remake sprechen könnte – denn eine Parodie muss man (so seltsam das klingt) ernst nehmen können.

Liebevolle Ausstattung, hochkarätige Schauspieler, aufwendige Produktionstechnik und – hier kommen Sie ins Spiel – ein cleveres Drehbuch sind nicht nur die Elemente eines guten Films, sondern vor allem auch einer guten Parodie. Lassen Sie sich nie dazu hinreißen, eine Parodie zu unterschätzen, denn selbst wenn Sie später auf die Produktion keinen Einfluss haben werden, fängt Liebe zum Detail und niveauvolle Unterhaltung bereits beim Drehbuch an. Wenn Sie, wie in einem herkömmlichen Drehbuch ebenfalls üblich, storyrelevante Requisiten erwähnen, müssen Sie sich hier ganz besonders viel Mühe geben. Während Sie sich sonst überlegen, „Welche Einrichtung passt zum Charakter der Figur?" oder „Welches Requisit ist wichtig für die Story?", müssen Sie hier *zusätzlich* zu diesen Überlegungen bereits versuchen, möglichst viele Elemente einzubringen, die dem Zuschauer später einen Wiedererkennungswert geben.

Arbeiten Sie also immer mit möglichst vielen Besonderheiten, die in den Vorlagen bereits häufig auftauchen – überspitzen Sie sie, aber lassen Sie nie etwas lächerlich wirken, das keinem Gag dient. Viele kleine Details, die Sie beim Schreiben im Kopf haben und die später vielleicht nur Fans auffallen, sollten bereits im Drehbuch Ihren Platz haben.

Diese Liebe zum Detail erst macht eine Parodie zu einer runden Sache und ist das Ergebnis einer umfassenden Recherche der ganz anderen Art: Während Sie sonst zu Recherchezwecken meist überall sind außer auf ihrer Couch, heißt Recherche hier „Bleiben Sie bloß sitzen!" Das Beste, was Sie tun können, wenn Sie ein Genre parodieren möchten, ist es, die Originale kennen zu lernen, und zwar bis ins Detail! Sie möchten eine Parodie auf Ritterfilme schreiben? Gut, dann leihen oder kaufen Sie sich stapelweise DVDs mit sämtlichen Ritterfilmen der Filmgeschichte, die sie finden können und schauen Sie sie. Oder 50er Jahre Alien-Invasionsfilme? Na dann, KRIEG DER WELTEN, INVASION VOM MARS, DIE KÖRPERFRESSER KOMMEN, nur ein kleiner Teil von Filmen, die Sie dann aus dem Effeff kennen sollten – und wehe, Sie haben nicht METALUNA IV ANTWORTET NICHT gesehen ...

Eine Parodie setzt immer voraus, dass das zu parodierende Genre oder der jeweilige Film Fans hat. Und die kennen sich naturgemäß gut mit der Materie aus – toppen Sie das noch! Die Fans merken sofort, wenn halbherzig mit „ihrem" Heiligtum umgegangen wird, wissen es jedoch umso mehr zu schätzen, wenn sich jemand wirklich mit der Materie auseinandergesetzt hat. Das gilt natürlich auch, wenn Bücher verfilmt werden, nur muss man sich immer bewusst sein, ob man das nun gutheißt oder nicht, dass Filme oder Serien immer mehr Leute erreichen als Bücher und eine dementsprechend größere Fangemeinde haben.

Ran an den Schreibtisch: Exposé & Treatment

Jetzt haben Sie also schon einmal irre viele Möglichkeiten, woher Sie die Idee für Ihr Drehbuch nehmen. Sie wissen nun, auf welche Besonderheiten Sie schon am Anfang achten müssen, je nachdem, ob Ihre Filmidee Ihrem eigenen Kopf entspringt, ob es eine literarische bzw. filmische Vorlage gibt, an die Sie sich ranwagen möchten oder ob Ihr Film auf realen Ereignissen basiert.

Jetzt geht es darum, Ihre Idee in eine Form zu bringen. Man könnte meinen, dass diese sich ebenfalls, je nach Vorlage, unterscheidet. Aber keine Angst, das Prinzip, wie ein Drehbuch aufgebaut ist, ist – ein Glück – immer dasselbe!

1. Erste Schritte

Sie haben eine Story, den Kopf voll guter Ideen und wollen am liebsten loslegen, gleich das komplette Drehbuch an einem Wochenende runterschreiben. Wenn Sie das können, Hut ab!, ich kann es nicht – und die allermeisten (erfolgreichen) Drehbuchautoren auch nicht. In der Praxis ist es meist so, dass die erste Fassung nie die beste ist. Nein, eigentlich ist es *immer* so. Um ein Rewrite werden Sie also auf keinen Fall herumkommen. Erleichtern Sie sich also die Arbeit von vornherein und gehen Sie mit System an die Sache heran. Das macht das Schreiben in jedem späteren Arbeitsschritt leichter.

Am wichtigsten ist eigentlich, dass Sie alles direkt niederschreiben, was Ihnen zu Ihrer Story einfällt, in welcher Form auch immer. Sie denken, Sie können sich alles so merken und im Kopf behalten? Das nehme ich Ihnen nicht ab!

Aber im Ernst, es wäre doch schade um jede noch so kleine aber originelle Idee, die Ihnen spontan morgens in der U-Bahn kommt, die aber schon zehn Minuten später wieder vergessen ist. Haben Sie also immer einen kleinen Notizblock bei sich, oder sprechen Sie Ideen auf ein Diktiergerät, notieren Sie sie auf Ihrem PDA, was auch immer, nur lassen Sie gute Ideen nicht wieder entwischen! Setzen Sie sich am Ende des Tages einmal in Ruhe hin und sammeln Sie, was Ihnen gerade einfällt – wegwerfen können Sie Ihre Notizen immer noch.

Setzen Sie sich bewusst an den Schreibtisch (oder einen beliebigen anderen Ort, an dem Sie kreativ sein können) und schreiben Sie alle Ideen, die Ihnen zu Ihrer Story in den Sinn kommen, in kleinen Ideenskizzen, sogenannten *Pitches*, auf. Ordnen Sie diese so an, wie es Ihnen am ehesten hilft: Ob Sie lauter kleine Zettelchen auf dem Fußboden ausbreiten oder sich eine riesige Pinnwand zulegen, ob Sie lieber alles auf dem Computer notieren oder sich eine Powerpoint-Präsentation daraus basteln, das bleibt Ihnen überlassen. Sie wissen selbst, wie Sie ticken und wie Sie am kreativsten sein können.

Das Ziel bleibt dabei immer das gleiche: Die losen Gedanken und Ideen, die Sie haben, in eine grobe Form und Struktur zu bringen, Ihrem Drehbuch vielleicht sogar schon mal so etwas wie einen roten Faden zu verleihen und Ihnen später dabei zu helfen, die Szenen und Dialoge zu entwickeln.

2. Exposé & Treatment

Haben Sie Ihre Notizen und Ideenskizzen schon mal ein wenig geordnet, haben Sie also bereits eine gewisse Struktur, mit der Sie arbeiten und auf der Sie aufbauen können. Jetzt können Sie sich daran machen, das Ganze in eine Form zu bringen, die Ihnen alles Weitere ganz ungemein erleichtern wird – ganz ohne Zettelwirtschaft, denn alles steht auf einer Seite. Wir reden über das so genannte *Exposé*.

Das Exposé

Das Exposé fasst auf einer Seite die Handlung zusammen und konzentriert sich dabei auf die Schlüsselszenen. Alle Fakten und Ereignisse, die wichtig für das Verständnis der Story sind, müssen im Exposé auftauchen, alles andere ist erstmal Ballast. Wesentlich weitergehender als die Logline, die ganz am Anfang steht und sozusagen den Ausgangspunkt der Story bildet, konzentriert sich das Exposé nicht nur auf einen Teil der Handlung, sondern umfasst die komplette Story bis zum Ende.

Haben Sie Ihre Story von Anfang an gut durchdacht, wird bereits jetzt die klassische Drei-Akt-Struktur Ihres Films (siehe unter 3. *Struktur der Story*), bzw. Vier-Akt-Struktur beim Fernsehen (siehe unter 5. *Die Fernsehserie*), deutlich.

Im Exposé offenbart die Story meist erste Schwächen oder es werden Stellen deutlich, die so auf keinen Fall funktionieren werden. So ist das Exposé dann auch in erster Linie eine Hilfe für den Autor selbst, um frühzeitig Lücken und Schwächen in der Story aufzudecken. Noch ist alles überschaubar und auf Anhieb nachvollziehbar – ist es das jetzt schon nicht mehr, wird es das im späteren Drehbuch erst recht nicht sein.

Aber keine Panik: Dadurch, dass Sie alles übersichtlich auf einer Seite haben, ist es in diesem Stadium noch sehr leicht, Korrekturen durchzuführen und Ihrer Story den gewissen Schliff zu geben. Dieser Schritt ist für Sie als Autor unschätzbar, bildet er doch das Fundament für das komplette Drehbuch. Doch Sie geben sich nicht nur für sich selbst mit dem Exposé viel Mühe, denn im besten Fall schreiben Sie es nicht nur für sich, sondern verwenden es später, um Produzenten, Producer (zum Unterschied zwischen Produzent und Producer siehe *Glossar*) oder Redakteure für Ihren Stoff zu begeistern. Viele ziehen es vor, sich nicht durch ein ganzes, ungebeten eingesandtes Drehbuch arbeiten zu müssen. Deshalb ist ein perfekt ausgearbeitetes

Exposé oder ein Treatment, auf das wir gleich kommen, natürlich hilfreich, diese Leute für Ihre Idee zu begeistern.

Das Treatment

Steht Ihr Exposé, können Sie etwas mehr ins Detail gehen: In dem sogenannten *Treatment* erzählen Sie die Story nicht nur in Grundzügen, sondern komplett. Diese weitere Ausarbeitung des Exposés behält den chronologischen Aufbau und umfasst ebenfalls nur das, was auch tatsächlich im Film zu sehen sein wird, also keine Lebensläufe oder ähnliches.

Werfen Sie dennoch Ihre Notizen über äußeres Erscheinungsbild, Beruf, Lebenslauf und alle weiteren Hintergründe Ihrer Figuren nicht weg, auch wenn Sie weder hier noch im fertigen Drehbuch auftauchen. Sie helfen Ihnen von Anfang an, lebendige Personen aus Fleisch und Blut zu schaffen, und keine starren Figuren, die einfach nur blutleer agieren. Gerade in Hinblick auf die Motivation des Protagonisten, von deren entscheidender Bedeutung später noch die Rede sein wird, ist es wichtig, der Figur einen Hintergrund zu verschaffen, der verdeutlicht, warum sie sich so und nicht anders verhält.

Aber wie bereits dargelegt, gehören all diese Sachen nicht ins Exposé und nicht ins Treatment. Sinnvollerweise sollte das Treatment ohne diese ganzen Hintergrundinformationen wesentlich kürzer sein als das Drehbuch selbst, dennoch: Eine feste

Seitenzahl für ein Treatment gibt es nicht. Wenn Sie Ihre komplette Geschichte auf fünf Seiten erzählen können, tun Sie es, brauchen Sie hundert Seiten, nur zu. Da das Treatment aber bereits in der Regel die grobe Szenenfolge sowie einen Teil der Dialoge enthält, hat sich in der Praxis bewährt, für das Treatment mindestens 30 bis 50 Seiten einzuplanen.

Alle Informationen, die entscheidend für die Story sind, sind in das Treatment bereits eingearbeitet. Erst wenn aus ihm im folgenden Schritt das Drehbuch wird, fließen alle Elemente mit ein, die den filmischen Ausdrucksmitteln zuzuordnen sind und sich konkret mit Schauplatz, Handlungszeit usw. auseinandersetzen.

Noch einmal: Das Treatment setzt sich ausschließlich mit Elementen der Story auseinander – alles, was sich auf filmspezifische Eigenheiten bezieht, wie Kameraführung und insbesondere optische Effekte, hat (wenn überhaupt) nur etwas im Drehbuch zu suchen, und selbst dort ist es teilweise unangebracht (siehe dazu unter 2. *Formatierung und Layout*).

Setting

Das Wort „Setting" sagt es bereits – in was für eine Welt „setzen" Sie Ihre Geschichte? Sie stecken auf alle möglichen Faktoren bezogen sozusagen den Rahmen für Ihre Geschichte ab. Sie setzen Grenzen, innerhalb derer Sie sich beim Schreiben bewegen werden. Dazu zählt nicht nur das „Wann" und „Wo" des Films, sondern auch die Erzählzeit im Film oder die Dimension des Konflikts, den die Figuren austragen werden.

Wir haben es bereits bei der Logline gesehen: Gute Stories funktionieren unabhängig von Zeit, Raum und Kultur – nicht zuletzt hier liegt das weltweite Erfolgsgeheimnis der Filme Hollywoods. Und doch müssen Sie sich irgendwann, spätestens an diesem Punkt, entscheiden, wann und wo Ihre Story spielen soll. Wage Äußerungen im Stil von „irgendwo in Deutschland, eine mittelgroße Stadt" haben in einem Drehbuch nichts verloren. Werden Sie also konkret!

Wir haben uns bereits mit den verschiedensten Inspirationsquellen für Ihre Story befasst. Schreiben Sie Ihr Drehbuch nach einer literarischen Vorlage oder nach wahren Begebenheiten, sind Sie natürlich gebunden an deren Vorlagen – oder doch nicht? Überlegen Sie einmal, wie viele Filme Shakespeares Stücke, Dramen wie auch Komödien, als Vorlage haben? Und wie viele davon spielen *tatsächlich* im Elisabethanischen England des ausgehenden 16.

Jahrhunderts? Naja, einige, zugegeben ... Aber schauen Sie sich an, was Baz Luhrman aus *Romeo und Julia* gemacht hat! Einen phantastischen, emotional sehr dichten und eindrucksvollen Film – und dabei wurde sogar nicht einmal der Wortlaut angetastet. Nehmen Sie sich gerne ein paar Freiheiten: 10 DINGE DIE ICH AN DIR HASSE basiert auf Shakespeares *Der Widerspenstigen Zähmung* – und bitte, heraus kommt eine zwar seichte, aber wunderbar leichte und charmante Teenie-Komödie. RICHARD III. mit Ian McKellen verlegt die Handlung des gleichnamigen Stückes in ein imaginäres England der 30er Jahre – was spricht dagegen?

Die Liste ließe sich noch ewig fortsetzen, mit Literatur, Theaterstücken und Filmvorlagen nicht nur von Shakespeare, sondern aus 3000 Jahren Menschheitsgeschichte aus allen Teilen der Welt. Glauben Sie also nicht, nur weil Sie sich einer Vorlage bedienen, sich keinen kreativen Gedanken um das Setting machen zu müssen ...

Klären Sie für sich folgende Punkte, bevor Sie mit dem Schreiben beginnen:

1. Epoche

Vergangenheit

Zuallererst: *Wann* ist die Story angesiedelt? Sofern Sie nichts anderes verlauten lassen, wird man davon ausgehen, dass Ihre Story im Hier und Jetzt spielt. Tut Sie das nicht, sollten sie einen guten Grund haben, denn (und *das* wiederum zählt zu Ihren Aufgaben als Autor) Sie müssen beim Schreiben auch immer einen Blick aufs Budget haben. Ein Film, der in einer anderen Zeit – sei es Gegenwart oder Zukunft – oder gar einer Phantasiewelt spielt, wird immer teurer sein und mehr Vorbereitungszeit veranschlagen, als ein Film, der in der Gegenwart spielt.

Siedeln Sie einen Film in der Vergangenheit an, sollten Sie sich immer bewusst sein, warum. Meistens möchte man entweder den Geist des Originals wahren, oder die Epoche ist Teil des Plots. DAS PARFUM, wie bereits erwähnt, orientiert sich an der Buchvorlage und spielt im Frankreich des 18. Jahrhunderts, DAS LEBEN DER ANDEREN wiederum *kann* rein vom Plot her nur zu Zeiten der DDR spielen, man entschied sich für das Jahr 1984. Stellen sie sich beide Filme einmal mit einem anderen Setting vor, einer anderen Epoche. Verlegten Sie die Handlung von DAS PARFUM in die Gegenwart, hätte sicherlich nicht nur Patrick Süßkind selber etwas dagegen gehabt – der Film verlöre entschieden an Reiz. DAS LEBEN DER ANDEREN auf der anderen Seite hätte auch in einem hypothetischen, totalitär regierten Deutschland des Jahres 2030 spielen können, aber mal Hand aufs Herz: Glauben Sie, der Film, hätte dann den Oscar gewonnen? Wohl kaum... Der Mangel an Eindringlichkeit und Authentizität hätte der Story nur geschadet – also DDR 1984!

Haben Sie eine konventionelle Story, die zeitlich nicht festgelegt ist, werden Sie also in der Regel in der Gegenwart bleiben. Ausnahmen gibt es nur wenige, und doch: EINE HOCHZEIT ZUM VERLIEBEN mit Adam Sandler und Drew Barrymore ist zwar von 1998, spielt aber im Jahr 1985. Genauso DOWN WITH LOVE von 2003 mit Ewan McGregor und Renée Zellweger, dessen Plot im New York des Jahres 1963 angesiedelt ist. Warum ist das so? Beide Filme sind konventionelle Love Stories, die genauso gut heute spielen könnten. Hier bestätigt die Ausnahme die Regel: EINE HOCHZEIT ZUM VERLIEBEN kokettiert mit dem Zeitgeist und dem Feeling der 80er Jahre, DOWN WITH LOVE ist von vornherein als eine Hommage an die klassische Screwball Comedy im Stil des Duos Rock Hudson und Doris Day angelegt. Also hat die Wahl des Settings durchaus seinen Hintergrund und ist keinesfalls aus einer Laune heraus entstanden. Und es funktioniert auch hier: Beide Filme würden – in der Gegenwart spielend – wohl kaum aus der Masse der Romantic Comedies herausstechen, so jedoch haben sie einen gewissen Charme, dem man sich kaum entziehen kann.

Zukunft

Die Vergangenheit ist nichts für Sie, die Gegenwart auch nicht so richtig? Sie wollen also allen Ernstes

Ihren Film in der Zukunft spielen lassen? Und Sie sind sich da sicher? Denn – und dessen müssen Sie sich bewusst sein – die Science-Fiction hat zumindest in Deutschland einen schweren Stand. Ist das Setting für Ihren Film die Zukunft, wird man ihn (gleich, welches Genre er *wirklich* bedient) auf Anhieb der Science-Fiction zuschreiben. Erfreuen sich Filme, die in der näheren Vergangenheit spielen, gerade in letzter Zeit immer größerer Beliebtheit, haben es Plots in der Zukunft noch immer recht schwer, hierzulande akzeptiert zu werden. Oder kennen Sie richtig gute zeitgenössische Science-Fiction, egal ob Film oder Serie, die aus Deutschland kommt? Schade eigentlich, aber vielleicht setzt sich der Deutsche lieber mit der eigenen Vergangenheit auseinander, als den Blick nach vorn zu richten?

Und wenn schon, lassen Sie sich davon nicht entmutigen – richtig gute Filme standen schon immer weit über aktuellen Trends und Modeerscheinungen. Wenn Sie einmal den Blick über den großen Teich richten, werden Sie sehen, dass sich Niveau mit Science-Fiction durchaus vereinbaren lässt. In jüngster Zeit waren es vor allem MINORITY REPORT, I, ROBOT und mit Abstrichen THE ISLAND, die gezeigt haben, dass gute Science-Fiction nicht nur eine fesselnde Story mit Niveau verbinden kann, sondern man mit dieser Kombination durchaus jede Menge Leute ins Kino locken kann. Wenn Sie also eine gute Story haben, die zwar in der Zukunft spielt, aber trotzdem (oder gerade deshalb) eine Relevanz für die Gegenwart hat und dazu noch spannend ist – nur zu! Wagen Sie den Schritt, denn wer weiß, vielleicht erlebt Science-Fiction auch hierzulande bald eine Renaissance.

Fantasy

Selbst die Zukunft ist Ihnen noch zu bodenständig? Sie möchten Ihre Geschichte in einer Phantasiewelt spielen lassen? Auch hier gilt, dass wenn es sich nicht gerade um kleine Hobbits aus Neuseeland handelt, die Fantasy einen recht schweren Stand hat. Aber genauso wie bei der Science-Fiction gibt es nicht einen einzigen Grund, es nicht mal zu versuchen. Wenn Sie genügend Phantasie haben, eine komplett eigene Welt zu erschaffen, die originell genug ist, um nicht mit HERR DER RINGE oder HARRY POTTER verglichen zu werden, und diese mit einer guten Story paaren, stehen die Chancen nicht schlecht, dass Ihr Drehbuch positiv auffällt.

2. Dauer

Wie lange ist die Zeit, in der die Handlung angelegt ist, die „Erzählzeit"? Nur ein paar Minuten (BEGEGNUNGEN) oder genauso lange wie die Filmzeit (GEGEN DIE ZEIT oder „24")? In der Regel wird sie wesentlich länger sein – vielleicht sogar Jahrhunderte wie in DER 200-JAHRE MANN. Auch das zählt zum Setting, wenn man so will, denn daraus ergibt sich, welchen Rahmen man mit der Story abdeckt.

Sie sollten sich, während Sie die Story entwickeln, bewusst sein, welche Zeitspanne zwischen Anfang und Ende Ihrer Story liegt. Ist es realistisch, welche und wie viele Ereignisse stattfinden? Auch zwischen zwei Szenen sollten Sie die verstrichene Zeit richtig einschätzen. Ist es wirklichkeitsnah, wie lange die Figuren beispielsweise brauchen, um von Punkt A nach Punkt B zu kommen? Ist es nachvollziehbar, welche inneren Entwicklungen Ihre Figuren in der Spielzeit durchmachen? Niemand wird Ihnen abnehmen, dass ein Mensch sein ganzes Leben innerhalb von 24 Stunden umkrempelt – und tut er es doch, sollten Sie ihm einen guten, das heißt glaubwürdigen, Grund geben. Überlegen Sie sich am besten von vornherein, wie Sie im Film verstreichende Zeit deutlich machen möchten (siehe dazu auch unter Besonderheiten: Montagen & Parallelschnitte).

3. Schauplatz

Wo spielt mein Film? Wie oben schon erwähnt, sollten Sie sich, bevor Sie mit dem Schreiben anfangen, die spezifische Geographie des Ortes, an dem die Story stattfindet, durch den Kopf gehen lassen. Die Wahl des Handlungsortes ist nicht etwa beliebig, sondern kann sich entscheidend auf die Glaubwürdigkeit der Story auswirken. Überlegen Sie sich nur mal folgende Geschichte als Beispiel: Eine Frau in den besten Jahren, Hausfrau und Mutter, beschließt, ihren Mann zu verlassen und mit ihrem 20 Jahre jüngeren Liebhaber durchzubrennen. Die selbe Story, zwei verschiedene Schauplätze: Einmal in Berlin, einmal in einem kleinen, verschlafenen Dorf im Bayrischen Wald – sie werden feststellen, dass es ganz essentiell für die Story ist, an welchem der beiden Orte der Film spielt, nicht wahr?

Ähnlich wie in den USA zeichnet sich auch hier ein Trend ab, der die Schauplätze im Land auf eine Handvoll begrenzt: Während quasi sämtliche amerikanischen Filme entweder in einer der Städte New York, Chicago, San Francisco oder L.A. spielen, hat Deutschland genauso seine Hauptschauplätze:

Berlin
als die junge, weltoffene Hauptstadt – ideal für Romantic Comedy. Quasi das filmische Gegenstück zu New York.

München
als mondäne Welt der Schönen und Reichen – bietet sich an für Gesellschaftssatiren und ironische Seitenhiebe auf die Schickeria. Wie es auch L.A. für die Amerikaner ist.

Frankfurt
als Zentrum für die Börsen- und Finanzwelt – Stories von Aufstieg und Fall in der Geschäftswelt. In

den USA gerne in Chicago oder an der Wall Street angesiedelt.

Hamburg

als Tor zur Welt, mit seinen Häfen und seinen Handelsleuten prädestiniert für Multi-Kulti-Geschichten und Familiensagas. Das Pendant für Hollywood ist hier schlecht einzugrenzen - teilweise San Francisco oder New York, aber auch die Südstaaten kommen in Frage.

Der Ruhrpott

als Industriehochburg mit ehrlichen, hart arbeitenden Leuten, aber auch vielen schrägen Vögeln. Wie geschaffen für bodenständige Geschichten mit Witz und Herz, aber auch für Sozialdramen vor dem Industriehintergrund – so wie in den USA die Vororte von Chicago und der ganze Mittlere Westen.

Heidelberg

als typische Studentenstadt für viele Filme und Serien, die einen studentischen Hintergrund haben – wie die Elite-Unis in Neuengland.

Diese Liste – gleich, ob auf die USA oder Deutschland bezogen – ist natürlich keine Richtlinie, und schon gar nicht verpflichtend, sondern basiert lediglich auf Beobachtung. Die Wahl des Schauplatzes ist und bleibt ganz Ihnen als Autor überlassen. Und bevor Sie sich auf eine Stadt als Schauplatz einlassen, wo Sie nie zuvor waren, lassen Sie sich lieber von einer Umgebung inspirieren, in der Sie sich auskennen und deren kleine, charmante (oder hässliche) Eigenheiten Sie ins Drehbuch einbauen können. Je nach Genre kann der Schauplatz real oder frei erfunden sein, aber eins müssen Sie immer beherzigen: Der Schauplatz muss immer in sich stimmig sein. Und selbst, wenn Sie eine komplett eigene Welt erfinden – ersinnen Sie anschauliche Schauplätze, geben Sie Ihnen ein Gesicht, lassen Sie Ihre Figuren in dieser Welt real agieren. Eine gut ausgedachte Phantasiewelt vermisst man fast im Atlas, so real wirkt sie.

4. Konfliktebene

Die menschliche Dimension ist immer geprägt vom zeitlichen und gesellschaftlichen Kontext. Konflikte können unterbewusst ausgefochten werden oder persönlich, mit Institutionen, der Umwelt oder sogar mit Gott (BRUCE ALLMÄCHTIG).

Fazit:

Auch wenn das Setting fiktional ist, gehorcht es inneren Gesetzen und Regelmäßigkeiten, die sich entweder an Fakten oder selbst gesteckten Grenzen orientieren. Sind einmal Kausalprinzipien festgelegt, kann man sie nicht mehr ändern, egal wie unrealistisch und bizarr das Setting selber sein mag –

das Werk wirkt sonst unlogisch und nicht überzeugend. Das Setting ist wichtig, eine Transportierbarkeit der Story gibt es nicht! Das hemmt jedoch nicht die Kreativität, es inspiriert sie. Und am Ende sollte niemand eine Frage zum Setting stellen können, die Sie nicht direkt beantworten könnten. Je kleiner die Welt, desto erkennbarer und frei von Klischees ist sie, da das Wissen des Autors über diese Welt und damit seine schöpferischen Möglichkeiten größer sind.

Figurenskizzen

Wenn man an diesem frühen Punkt von Story redet, meint man das (vorläufige) Treatment, also den groben Ablauf der Handlung. Auch wenn an der Form im Detail noch sehr gefeilt werden wird, haben sie Ihre Story zu Papier gebracht und sie hoffentlich zu einer in sich schlüssigen und insgesamt stimmigen Sache gemacht. Mit diesem Grundgerüst Ihres Drehbuchs werden Sie den ganzen weiteren Verlauf über arbeiten, der wichtigste Teil der Vorarbeit ist also geschafft – denn mit der Story steht und fällt bekanntlich der ganze Film.

Wichtig ist es dafür aber, erst ein paar Aspekten Gestalt und Substanz zu geben, die mit der Story im eigentlichen Sinne gar nichts zu tun haben, ihr aber helfen, an Form zu gewinnen. Jetzt verdienen solche Feinheiten Ihre Aufmerksamkeit, die vielleicht im fertigen Drehbuch gar nicht vorkommen werden, jedoch als Hintergrund gedacht sind und – als Hilfe für Sie – dem Drehbuch mehr Plastizität und Lebendigkeit zu verschaffen.

Das betrifft als allererstes die Figuren. Die Figuren in einem Drehbuch (und damit auch später im fertigen Film) agieren steif und gekünstelt, wenn Sie keine „Lebendigkeit" aufweisen (siehe dazu 2. *Die Figuren*). Alle Figuren, die Sie sich ausdenken, auch die Nebendarsteller, brauchen einen Hintergrund, eine Biographie – sozusagen ein Leben vor

dem Film. Fangen Sie jetzt in der Vorbereitungs-
phase bereits damit an, Ihren Figuren eine Vergangenheit zu geben. Notieren Sie sich von jeder
Figur Alter, Beruf, äußere Merkmale, ein paar
Punkte dazu, wo derjenige herkommt, was seine
oder ihre Hobbys sind. Legen Sie für jeden
sozusagen eine eigene „Akte" an, fassen Sie alle
wichtigen Fakten auf einem Blatt Papier zusammen.

Diese Skizzen sind die Basis für Ihre spätere
Figurenentwicklung. Am wichtigsten ist dabei die
Biographie Ihrer Figur. Anders als sonst sollten Sie
sich bei diesem Arbeitsschritt auch um Elemente
kümmern, die keinen Teil der Story bilden und wie
gesagt im fertigen Film nicht auftauchen werden.

Je mehr Sie über Ihre Figur zusammentragen,
desto mehr hilft Ihnen das später dabei, die Dialoge
authentisch und personenspezifisch zu gestalten.
Sie können entweder eine Biographie *über* Ihre Figuren schreiben oder (noch besser) einen anderen
Ansatz wählen: Lassen Sie Ihre Figur über sich
selbst schreiben! Verfassen Sie eine Art Autobiogra-
phie, in der Ihre Figuren selber über sich erzählen!
Natürlich bleiben Sie derjenige, der sich alles aus-
denkt und niederschreibt, nur eben aus Sicht der Figur selbst. Die Biographie gewinnt so unglaublich
an Authentizität und Lebendigkeit.

Belassen Sie es am besten auch nicht nur bei einer bloßen Biographie mit den Lebensdaten und
familiären Hintergrund usw., sondern lassen Sie Ihre Figur, z.B. anhand von Fragen, sich selbst charakterisieren. Eine kleine Hilfe, welche Fragen man

vielleicht stellen kann, bieten Zeitungen und Zeitschriften, die derartige Fragebögen selbst regelmäßig in entsprechenden Rubriken veröffentlichen, allen voran der berühmte Fragebogen der F.A.Z.

Recherche

Der nächste wichtige Punkt der Vorarbeit betrifft ebenfalls die Hintergründe Ihres Drehbuches, ist aber nicht nur als Hilfe für Sie selbst gedacht, sondern ist wichtig für die Darstellung der Story: die Recherche. Anders als die Biographien Ihrer Figuren sind es hier Elemente, die später auch im Film zu sehen sein werden, weshalb Sie von vornherein noch mehr als sonst auf Plausibilität und Realismus achten müssen.

Unterschätzen Sie daher auf keinen Fall die Notwendigkeit guter Recherche, denn alles, was an Fakten im fertigen Film auftaucht, wird einer kritischen Prüfung durch ein (hoffentlich großes) Publikum standhalten müssen. Wenn es darum geht, sich noch vor der ersten Drehbuchzeile bestimmtes Wissen anzueignen, sind vor allem zwei Bestandteile wesentlich: Die Recherche von Fakten und die Recherche von Gefühlen. Beides nimmt mehr Zeit in Anspruch als die Story selbst: Bibliotheken, Treffen mit Ärzten und Forschern oder Kriminalbeamten, Univorlesungen, Gerichtsverhandlungen – die Möglichkeiten, sich ein umfangreiches und fundiertes Wissen über ein bestimmtes Thema anzueignen, sind unerschöpflich. Und auch wenn es heutzutage dank dem Internet so leicht ist wie nie zuvor, an Informationen zu gelangen, ist die Recherche das härteste Stück Arbeit.

1. Die Fakten

Bei den Fakten geht es um alles undiskutierbare und beweisbare – mit welchen Methoden untersucht die Polizei Mordfälle und behandeln Ärzte Krankheiten, wie ist der Alltagsbetrieb in einem Café und durch welchen Bürokratiedschungel muss man, wenn man einen Friseursalon eröffnen möchten?

Schreiben Sie niemals – aber auch wirklich *niemals* – über etwas, was Sie nicht selber erlebt haben oder aber aus erster Hand wissen. Aus erster Hand heißt in diesem Fall *Recherche*! Und das bedeutet wiederum nicht, „schon ganz viele Filme zu dem Thema" gesehen zu haben. Knallharte Recherche, an der auch Enthüllungsjournalisten ihre wahre Freude hätten, ist auch für den Drehbuchautor unerlässlich – Bücher wälzen in der Bibliothek, eventuell Zeitzeugen befragen, Treffen mit Experten, und … und … und …

Nehmen wir an, Sie möchten eine Serie über eine Gruppe von Ärzten in einem Krankenhaus schreiben (ja, ich weiß, nicht sehr originell, aber offenbar immer wieder erfolgreich!): Am besten wäre es natürlich, Sie wären selbst Arzt. Aber wie viel Ärzte schreiben schon Drehbücher, jedenfalls wesentlich weniger als es Arztserien gibt… Umso wichtiger ist also hier die Recherche, denn halten Sie sich immer vor Augen: Das beste Drehbuch wird nur wenige ansprechen, wenn es unglaubwürdig ist und in sich nicht stimmig.

Also was tun? Sie haben einen guten Freund, der Arzt ist? Gut, setzen Sie sich mit ihm zusammen und fragen Sie! Wie ist der Alltag? Wie sind die Dienste eingeteilt? Welche Ausbildung muss ein junger Arzt durchlaufen? Welche offizielle oder inoffizielle Rangordnung unter den Kollegen gibt es? Und natürlich viel wichtiger: Welche Sorgen und Ängste hat ein Arzt, welche Motivation, was treibt ihn an, sich tagtäglich zu unchristlichen Zeiten mit kranken Menschen zu umgeben? Ihr guter Freund wird Ihnen gerne solche Dinge erzählen. Haben Sie diesen Freund nicht, setzen Sie sich ans Telefon. Kennen Sie einen Arzt um ein paar Ecken? Versuchen Sie, in einem Gespräch, oder besser noch in mehreren, ähnliche Offenheit ihres Gegenübers zu erreichen wie von einem guten Freund, denn erst dann werden Sie ein annähernd authentisches Bild von allem bekommen.

Die meisten Menschen reden gerne über ihre Arbeit, und nicht wenige werden sich geschmeichelt fühlen, wenn Sie ihm/ihr sagen, dass Sie ein Drehbuch schreiben möchten und der- bzw. diejenige *der* Experte ist, der Ihnen bei der Arbeit helfen kann.

Wenn Sie wissen, über welches Thema, welches *Sujet*, Sie schreiben möchten, schauen Sie sich möglichst viel Filme und Serien an, die mit diesem Thema zu tun haben. Das werden Sie wahrscheinlich ohnehin schon getan haben, aber schauen Sie sie diesmal unter dem Aspekt der Fakten. Noch sind Sie Laie, wirkt alles plausibel? Wenn Ihre Idee für eine Story steht, recherchieren Sie mit Ihrem ganzen Einsatz, bis Sie in jeder Hinsicht genug Wissen haben, um sogar mit Experten auf hohem Niveau zu diskutieren!

Und jetzt schauen Sie sich dieselben Filme und Serien noch einmal an – ein wirklich gutes Drehbuch ist auch wirklich gut recherchiert und kann diesem Test ohne Probleme standhalten. Und welche Befriedigung wäre es denn bitte, wenn ein Arzt - um bei der Arztserie zu bleiben – zu seinem Kollegen sagen würde: „Hast Du gestern wieder *Dr. Horstmann & Kollegen* gesehen? Genau wie bei uns, oder? Schau ich immer wieder gern ..." Solche Reaktionen erreichen Sie eben nur mit Authentizität – aber seien Sie so gut und denken Sie sich einen originelleren Titel aus.

Wenn Sie sich im Lauf der Zeit weder auf ein Thema noch auf ein Genre festlegen möchten und sich immer wieder an Neues wagen, werden Sie feststellen, dass dieser doch sehr mühsame Teil der Arbeit, die Recherche, Sie mit einer Vielzahl von unterschiedlichsten Eindrücken und Wissen belohnt!

2. Die Emotionen

Unabhängig vom Genre Ihres Films werden Sie starke Gefühle in Ihrem Film haben wollen. Wenn nicht, vergessen Sie es, da kommen Sie nicht drumherum! Sämtliche Filme der Filmgeschichte, sowohl die guten als auch die schlechten, lassen sich im Grunde reduzieren auf Grundbedürfnisse und starke Emotionen der Figuren. Ob Action- oder Katastrophenfilm, Drama oder Komödie, Liebesschnulze oder Spionagethriller – letztendlich geht es immer um Liebe und Hass, Überlebensinstinkt, Beschützerinstinkt, Neid, Trauer und Sehnsucht. Diese Grundgefühle, obwohl in jedem von uns vorhanden, müssen sich aber noch nicht bei jedem zwangsläufig geäußert haben. Wesentlich schwieriger als bei Fakten ist es daher, authentisch zu sein, wenn es um Gefühle und emotionale Reaktionen geht. Wie sollen Sie da recherchieren?

Nehmen wir einmal an, Sie möchten in Ihrem Drehbuch den Konflikt haben, dass ein naher Verwandter des Protagonisten an einer schweren Krankheit stirbt. Wollen Sie Ihren besten Freund fragen, wie das für ihn war? Wohl kaum. Hier müssen Sie feinfühlig sein. Können Sie diese Trauer auf Anhieb wirklich nachfühlen und authentisch und emotional rüberbringen? Mussten sie jemals Ihre Familie retten, deren Leben an einem seidenen Faden hing? Hat jemals der Druck auf Ihnen gelastet, dass von Ihrer Entscheidung das Wohl der ganzen Welt abhing? Haben sie jemals festgestellt, dass Sie geklont wurden und bis vor vier Jahren noch gar nicht existiert haben? Wurden Sie jemals für einen Mord, den Sie nicht begangen haben, von der Polizei verfolgt?

Aber auch der Antagonist braucht starke Emotionen für ein glaubwürdiges Motiv – vielleicht noch mehr sogar als der Protagonist, ist er doch oft derjenige, der durch seine Taten die Handlung erst in Schwung bringt. Haben Sie jemals jemanden so gehasst, dass Sie ihn töten wollten? Sind sie jemals so von Habgier zerfressen gewesen, dass Sie für Geld Menschenleben opfern würden? Oder so von Neid und Eifersucht besessen, dass Sie andere Leute lieber umbringen würden, als sie glücklich zu sehen? Hoffentlich nicht, aber all diese emotionsgeladenen Situationen geben den Ausschlag für *wirklich* gute Storys!

Es muss auch nicht immer ganz so tragisch sein. Aber egal, um welche Situation es geht – die Reaktionen (und auch Aktionen), die Ihre Figuren in Ihrem Drehbuch an den Tag legen, müssen in jeder Hinsicht authentisch und emotional sein, sonst wird Ihr Film blutleer wirken! Das ist nicht ganz leicht, da man nicht nur Situationen in ein Drehbuch einbauen möchte, in der man entweder selber noch nie war (oft zum Glück) oder die wirklich noch *kein* Mensch jemals hatte. Sie brauchen wirklich eine gehörige Portion Einfühlungsvermögen, wenn Sie die Reaktion der Menschen authentisch rüberbringen möchten, wie Außerirdische vor dem Reichstag landen und eine höhere Zivilisation aus dem All mit der Regierung Kontakt aufnehmen möchte. Und dennoch ist dies gelungen, nicht erst in INDEPENDENCE DAY, sondern schon über vierzig Jahre vorher in DER TAG AN DEM DIE ERDE STILLSTAND aus den frühen Fünfzigern. Diese (oder auch nur eine ähnliche) Situation gab es niemals – und doch musste in beiden Fällen der Drehbuchautor eine Situation schaffen, die in jeder Hinsicht glaubwürdig wirkt.

Dasselbe bei ARMAGEDDON und DEEP IMPACT – ein Komet (bzw. Asteroid, wir haben gut recherchiert...) bedroht die Welt. Zum Glück eine Situation, mit der sich nie jemals ein Mensch auf der Welt ernsthaft befassen musste. Und doch lebt ein Film oft von dem Satz „Was wäre wenn?". Der Umstand, dass eine Situation noch nie eingetreten ist und es wahrscheinlich auch nie wird, ist kein Grund dafür, die Möglichkeit mit den Mitteln des Films nicht einmal durchzuspielen, ganz im Gegenteil liegt eben gerade darin der Reiz!

Wie also recherchiert man Gefühle? Wie fühlt man sich in jemanden hinein, der im Drehbuch eine Situation durchleben soll, die man selber noch nie erlebt hat – egal ob tragisch oder glücklich? Es gibt keine allgemein gültige Antwort auf diese Fragen, aber ein paar Dinge, die Ihnen vielleicht bei Ihrer Arbeit helfen.

Zunächst einmal brauchen Sie ein gewisses Maß an Sensibilität, Menschenkenntnis und Einfühlungsvermögen. Diese Eigenschaften sind nur schwierig zu erlernen – entweder man hat sie oder man hat sie nicht. Wenn Sie ein emotionsloser, trockener Knochen sind, werden Sie kaum auf einmal feinfühlige Dialoge schreiben können. Andererseits, hätten Sie diese Eigenschaften, würden Sie wahrscheinlich gar nicht erst daran denken, ein Drehbuch schreiben zu wollen. Ein guter Rat ist: Lesen Sie! Nicht fremde Drehbücher, auch keine Sachbücher, sondern Romane, Geschichten und Theaterstücke. Egal welches Genre Sie bevorzugen: Literatur kann – gut geschrieben – sehr tief in die Gefühlswelt ihrer Figuren eindringen. Innere Monologe, Gedankengänge, Emotionen, die auch verbal zum Ausdruck gebracht werden – all dies kann (und will) ein Film nicht leisten, in der Literatur ist dies gang und gäbe.

Machen Sie sich diesen Umstand zu Nutze und recherchieren Sie auf diese Art Emotionen. Je besser das Buch, desto mehr hat es der Autor verstanden, seinen Figuren authentische Emotionen zu verleihen und diese zum Ausdruck zu bringen. Das macht Bücher für Sie zu einer guten Stütze, sie sollten aber nicht Ihre einzige Quelle sein. Auch hier sind das persönliche Gespräch und der persönliche Eindruck durch nichts zu ersetzen, wenn es darum geht, *wirklich* in Ihre Figuren einzutauchen. Es gibt Experten und Leute, die sich aufgrund ihres Berufs professionell mit Emotionen beschäftigen. Psychologen zum Beispiel werden Ihnen oft sehr gute Erklärungen darüber abgeben können, wie Leute ticken und wie Sie auf bestimmte Situationen und Konflikte reagieren. Scheuen Sie sich nicht, im Zuge Ihrer Recherche gerade mit diesen Leuten zu reden.

Fazit:

Also noch einmal: Ein Film braucht – unabhängig vom Genre, ob Actionfilm oder Liebesdrama – starke Emotionen, in die sich der Zuschauer hineinversetzen kann. Es geht dabei nicht nur um Authentizität, sondern vor allem um storybedingte Elemente. Hiermit ist vor allem die Motivation der Hauptfiguren gemeint: Zum einen die des Protagonisten, durch die Konflikte und Fallstricke zu gehen, die ihn die Story über behindern. Zum anderen aber auch die des Antagonisten, diese Konflikte teilweise erst zu schaffen.

Obwohl die Wichtigkeit guter Recherche, von Fakten wie von Emotionen, gar nicht oft genug hervorgehoben werden kann, behalten Sie doch immer eins im Hinterkopf: Recherche sorgt für Material, ist aber längst noch kein Ersatz für Kreativität! Ein Film, der zwar exzellent recherchiert ist und glaubwürdige, starke Emotionen enthält, ist trotzdem kein guter Film, wenn die Story und die Dialoge lahm und uninspiriert sind!

Beißen Sie sich also nicht zu sehr fest, oder – noch schlimmer – nehmen Sie nicht immer mehr und immer tiefer gehende Recherche als Ausrede, um sich vor der wahren Arbeit des Autors, dem kreativen Schreiben, zu drücken. Die Versuchung ist groß, sich noch nicht richtig an den eigentlichen Schreibprozess ranzutrauen, da man vielleicht doch noch nicht ganz von der Story überzeugt ist oder meint, die Figuren seien alle noch keine runde Sache. Machen Sie lieber einen Spaziergang oder gehen Sie mit Ihren Freunden ein Bier trinken und bekommen Sie den Kopf frei. Wenn Sie danach immer noch Zweifel haben, überarbeiten Sie gezielt alle Punkte, die Sie für verbesserungswürdig halten.

Der Schreibprozess

Nun ist die ganze Vorarbeit ist geleistet und wahrscheinlich wesentlich umfangreicher ausgefallen als erwartet. Ihr Arbeitszimmer und Ihre Festplatte sind vollgestopft mit Notizen, Figurenskizzen, haufenweise Recherchematerial und ersten Ausarbeitungen Ihrer Story in Form eines Exposés und eines ersten Treatments. Im Prinzip kann es doch jetzt eigentlich losgehen, oder? Das wirkliche Drehbuch, das eigentliche Schreiben, mit dem man am liebsten schon von Anfang an begonnen hätte! Und Sie haben Recht, ich will Ihnen nicht schon wieder die Tour vermiesen mit einem „ja, aber...", jetzt kann es tatsächlich losgehen! Obwohl, eine einzige Sache wäre da noch... Keine Angst, es hat gar nicht mal so viel mit dem Drehbuch selbst zu tun, mit der Story schon gar nicht – jetzt geht es erst mal um Sie!

Wichtig für das Gelingen eines guten Drehbuchs und damit für Ihren Erfolg, ist, dass Sie sich darüber im Klaren sind, wann und unter welchen Umständen Sie am besten arbeiten können und am produktivsten sind. Ob früh morgens um sieben mit einer Tasse grünem Tee oder halb betrunken nachts um vier, eingehüllt in einer Wolke aus Zigarettenrauch – es bleibt ganz Ihnen überlassen.

Arbeiten Sie immer so, wie Sie sich am wohlsten fühlen. Oft ist es natürlich so, dass Sie gar keine große Wahlmöglichkeit haben, sich auf Ihren ganz eigenen Rhythmus einzustellen. Vielleicht haben Sie einen Job mit festen Arbeitszeiten, der Ihnen kaum Raum für Freizeit lässt, geschweige denn fürs Schreiben. Vielleicht haben sie auch eine Familie, um die Sie sich kümmern, und ein Haus, das Sie in Schuss halten müssen. Wann soll man da mal innehalten und sich die Zeit und die Muße fürs Schreiben nehmen? Die Antwort ist, dass Ihnen auch hier keiner etwas vorschreibt. Probieren Sie es einfach aus. Nach Feierabend bei einem Glas Rotwein, und sei es nur für eine Stunde. Ganz früh morgens, wenn der Rest der Familie noch schläft, die Gedanken aber bei Ihnen nur so sprudeln.

Probieren Sie einfach ein bisschen herum, niemand wird sich bei Ihnen beschweren, egal, um welche Tageszeit Sie sich an den Schreibtisch setzen. Sie produzieren keinen Lärm und stören auch sonst niemanden. Also lassen Sie sich nichts von anderen sagen (außer von mir natürlich…). Sämtliche gut gemeinten Ratschläge, nach welchen neuesten Erkenntnissen der menschliche Geist wann am besten arbeiten kann, hören Sie sich freundlich nickend an und arbeiten dann, wann *Sie* es für am besten halten.

Auch das „Wo" ist eine Frage, die wirklich nur Sie für sich beantworten können. Sicher, zu Hause im Arbeitszimmer. Aber vielleicht fühlen Sie sich dort eher eingeengt und schreiben lieber mit Ihrem Laptop in einem Café bei einem Latte Macchiato, klapperndes Geschirr und schwatzende Leute um sich herum. Warum nicht? Finden Sie es raus! Vergessen Sie nicht, Sie müssen nichts lernen, wie damals in der Schule oder während des Studiums. Sie müssen nichts in den Kopf *rein* bekommen, sondern etwas aus ihm heraus! Und sämtliche Statistiken und Untersuchungen, die das auf eine bestimmte Zeit und einen bestimmten Ort beschränken, sind absurd – denn Kreativität ist nicht messbar. Wichtig ist lediglich, dass Sie für sich möglichst sicher herausfinden, wann Sie am besten arbeiten können. Das schaffen Sie aber eben nur durch ausprobieren. Ich zum Beispiel stehe jeden Morgen um vier Uhr auf, gehe eine Stunde joggen und nach einer weiteren halben Stunde Yoga und einer Schale frischer Beeren setze ich mich an den Schreibtisch und schreibe konstant durch bis abends um acht.

Nein, ich flunkere ein wenig – in Wahrheit schlafe ich lange, brauche lange, bis ich mich aufraffen kann und mir nicht weniger als zwei große Kannen Earl Grey und zwei oder drei Folgen meiner Lieblings-Sitcom gegönnt habe. Erst danach komme ich tatsächlich richtig zum Schreiben. Eingehüllt in einer Wolke aus Pfeifen- und Zigarrenrauch, neben mir eine offene Flasche Rotwein, schreibe ich dann aber die ganze Nacht durch und klappe frühestens meinen Laptop zu, wenn die ersten Sonnenstrahlen bereits hervorkommen. Irgendwann habe ich gelernt, dass dies die beste Methode für mich ist, produktiv und gleichzeitig kreativ zu sein, aber ich würde sie niemals jemandem ans Herz legen, geschweige denn aufschwatzen wollen, denn wie gesagt – wie Sie am besten arbeiten können, das müssen Sie schon selbst herausfinden!

Formatierung, Layout

Anders als beispielsweise bei einem Roman sollten Sie beim Drehbuch darauf achten, eine gewisse Form zu wahren. Nicht nur beim Storyaufbau, sondern auch beim Layout. Es gibt – teilweise ungeschriebene – Gesetze und Vorgaben, in welcher Form ein Drehbuch verfasst sein sollte. Diese sind nicht so streng wie beispielsweise bei Hausarbeiten während des Studiums, aber trotzdem sollte man sie aus zwei Gründen beachten:

Erstens dienen sie der Lesbarkeit und der Übersichtlichkeit, man will immerhin später mit den Texten weiterarbeiten, und zweitens wollen Sie doch professionell wirken, oder? Drehbücher, die unachtsam formatiert sind, ohne ein bestimmtes Layout einzuhalten und mit jeder Menge Rechtschreibfehlern, wandern beim Produzenten direkt in die „Ablage rund" – den Mülleimer!

Da kann Ihre Story noch so gut sein, Ihre Figuren noch so originell, keiner wird es je erfahren, wenn Sie sich nicht bei der Formatierung Mühe geben. Sie können dies mit der Bewerbung um eine Arbeitsstelle vergleichen: Sind Ihre Bewerbungsunterlagen schlampig angefertigt, muss der Personalchef davon ausgehen, dass, wenn der Bewerber sich schon bei den einfachen Formvorgaben keine Mühe gibt, dies auch Rückschlüsse auf seine spätere Arbeitsweise zulässt. Und mal Hand aufs

Herz, nicht ganz zu Unrecht, oder? Ein paar Vorgaben gibt es, also halten Sie sich dran:

Zuallererst: Ein Drehbuch besteht streng genommen aus zwei Büchern in einem: Zum einen erzählt es eine Geschichte, zum anderen gibt es Handlungsanweisungen für die Filmcrew, ist sozusagen die „Aufbauanleitung". Damit die Leute mit Ihrem Drehbuch aber besser klarkommen als mit einer Anleitung von IKEA, sollten Sie sich immer bewusst machen, für wen Sie schreiben: Regisseur, Schauspieler, Kameramann, Beleuchter, Kostümbildner, Requisiteur, Cutter, ...

Sie alle arbeiten ausschließlich mit dem, was Sie ihnen vorlegen. Deshalb müssen die Informationen, die Sie im Drehbuch geben, ausreichend sein, um das zu drehen, was Sie sich darunter vorstellen. Aber, und das muss Ihnen bewusst sein: Gehen Sie *niemals* darüber hinaus! Geben Sie ausschließlich das vor, was für die Story relevant ist. Fühlen Sie sich nicht dazu berufen, sich neben Ihrer Tätigkeit als Autor gleichzeitig um die gesamte Beleuchtung zu kümmern, den Soundtrack auszuwählen, die Schnittfolge einzubauen und den Schauspielern Anweisungen zu geben, wie sie zu spielen haben.

Ich weiß, man ist verlockt, das zu tun, weil man vielleicht schon ganz genau im Kopf hat, wie der fertige Film auszusehen hat oder weil man gerne zeigen möchte, was für ein Allroundtalent man ist. Aber tun Sie das nicht! Nie! Der Grund ist ein ganz einfacher: Es ist nicht Ihr Job!

Für all das, was ich eben beschrieben habe, gibt es Leute beim Film, die genau das tun und dafür ausgebildet wurden. Sie fühlen sich – zu Recht – vor den Kopf gestoßen, wenn der Autor sich dazu berufen fühlt, ihnen ihre Arbeit abzunehmen. Und seien Sie ehrlich: Sie möchten das doch umgekehrt genauso wenig! Bei freier Mitarbeit würde Ihnen das kaum passieren, aber stellen sie sich vor, Sie sind für eine Serie als Drehbuchautor angestellt und noch während des Schreibens setzt sich der Regisseur, den Sie gar nicht kennen, zu Ihnen und schreibt an den Dialogen mit. Darauf hätten sie auch keine Lust, oder? Deshalb hier ein Beispiel, wie man es nicht machen sollte:

```
MICHAELS ZIMMER          INNEN/TAG

Michaels Zimmer ist eine typi-
sche unaufgeräumte Studenten-
bude. Der Morgen nach der Par-
ty. Leere Bierflaschen, volle
Aschenbecher, Klamotten liegen
herum. Die Kamera fährt erst
über Michaels Füße, dann lang-
sam über seinen Körper und
zoomt schließlich auf seine
Nase. Es riecht nach kaltem
Rauch und abgestandenem Bier.
Durch die Jalousien kommt nur
spärliches Sonnenlicht, Ver-
kehrslärm tönt von draußen.
Michael liegt auf seinem Bett.
Er ist nach dem Kuss mit Tanja
```

gestern Abend verwirrt… Mag
sie ihn auch, oder möchte sie
sich nur über Thorsten hinwegtrösten? Der hatte vor einer
Woche Schluss gemacht, und das
geht Michael alles ein wenig
zu schnell. Jetzt liebt er sie
schon so lange, und er dachte,
er wäre über sie hinweg – doch
seit gestern ist alles anders…
Er überlegt, sie anzurufen,
will ihr aber auch nicht hinterherlaufen. Mark kommt ins
Zimmer.

MARK
Hey Mann, alles klar?
Ging ganz schön ab ges-
tern mit Dir und Tanja,
hm?

MICHAEL
Ach, ich weiß auch
nicht… Ich brauch erst-
mal einen klaren Kopf.
Gehen wir ein Bier trin-
ken?

Ahnen Sie schon etwas? Hier ist einiges im Argen …
Zunächst einmal:

Was nicht zu sehen oder zu hören ist, oder mit der Story nichts zu tun hat, hat im Drehbuch nichts, aber auch gar nichts zu suchen!

Dieselbe Szene könnte in einem professionellen Drehbuch so aussehen:

```
MICHAELS ZIMMER        INNEN/TAG

Eine   typische   unaufgeräumte
Studentenbude.    Leere    Bier-
flaschen,  volle  Aschenbecher,
Klamotten liegen herum. Micha-
el liegt auf dem Bett, MARK
kommt ins Zimmer.

              MARK
      Hey  Mann,  alles  klar?
      Ging  ganz  schön  ab ges-
      tern  mit  Dir  und  Tanja,
      hm?

              MICHAEL
      Ach,   ich   weiß   auch
      nicht… Ich  dachte,  ich
      wäre  über  sie  hinweg,
      und jetzt das…

              MARK
      Ach komm, Du bist doch
      schon ewig in sie ver-
      knallt! Ist nur die Fra-
      ge,  ob  sie  dich  jetzt
```

auch mag, oder ob sie
sich nur über Thorsten
hinwegtrösten wollte.

                MICHAEL
Er hat erst vor einer
Woche Schluss gemacht,
das geht doch alles ein
wenig schnell, oder?

                MARK
Ruf sie doch an, dann
siehst du, wie sie rea-
giert und weißt viel-
leicht, woran du bist!

                MICHAEL
Keine Ahnung, irgendwie
will ich ihr auch nicht
hinterherlaufen... Ich
brauch erstmal einen
klaren Kopf. Gehen wir
ein Bier trinken?

So oder ähnlich würde man den Dialog in einem
Drehbuch finden. Das ganze auf einer DIN A4 Seite,
in gut lesbarer Schriftart. Der Klassiker ist Courier
New unter Microsoft Windows (sieht so schön nost-
algisch nach Schreibmaschine aus), auch Arial oder
Times New Roman sind bestens geeignet – wichtig
ist lediglich die exzellente Lesbarkeit. Was fällt Ihnen sonst auf?

1. Die Informationen sind knapp gehalten

Ganz wichtig und unabhängig vom Genre und Sendeformat gilt: Alle Informationen, die die Filmemacher brauchen, sind kurz und knapp in der Beschreibung zu finden.

In der obersten Zeile:
Ort der Handlung links, rechts steht, ob die Szene innen oder außen spielt und ob es Tag oder Nacht ist.

```
MICHAELS ZIMMER          INNEN/TAG
```

In der zweiten Zeile:
Hier wird beschrieben, was zu sehen ist – Schauspieler, Schauplätze und Handlungen. Dient es der Story, und auch nur dann, kommen Farben und Lichtstimmungen, Originaltöne und Musikeinspielungen hinzu. Die Beschreibung ist meist im Blocksatz gehalten. Neu auftretende Personen werden in Großbuchstaben geschrieben, ebenso Geräusche oder Musikeinspielungen.

Eine kurze Beschreibung des Ortes wird gegeben: Wo befinden wir uns, was ist wichtig für die Story, welche Requisiten charakterisieren die Figur? Gerade dann, wenn es sich um die Wohnung oder den Arbeitsplatz der Hauptfiguren handelt, werden Ihnen eine Menge Dinge einfallen, die die Figur bunter, lebensechter und origineller gestalten.

> Eine typische unaufgeräumte
> Studentenbude. Leere Bier-
> flaschen, ...

Welche Photos stehen auf dem Schreibtisch, welche Poster hängen an der Wand, in welchem Stil ist der Raum eingerichtet, ist er ordentlich, eher unaufgeräumt oder sogar total chaotisch? Alles Dinge, die viel über den Charakter der Figur aussagen, also nehmen Sie es in die Beschreibung auf! Für außen gilt ebenfalls: Welche Atmosphäre möchten Sie in Ihrer Szene haben, welche Emotionen erwecken? Dieselbe Straßenecke in München kann auf die verschiedensten Arten wirken:

Warm, helles Sonnenlicht, ein Schmetterling fliegt umher, Spaziergänger, Frauen mit Kinderwagen, Leute mit Hunden – ein idealer Platz für eine romantische Komödie. Derselbe Ort, nachts, regennasse Straße, starker Wind weht, am Straßenrand zwielichtige Gestalten mit hochgestelltem Mantelkragen – Schauplatz eines Thrillers oder Krimis. Sie sehen, dass es nicht ausreicht, zu schreiben „Straße in München – Außen/Nacht", sondern Sie sich – wenn es der Story dient – auch Beschreibungen des Schauplatzes ausdenken müssen, die der Szenenstimmung gerecht werden.

Wenn Sie ein wenig weiter gehen, sind es sogar ganze Städte, deren Aussehen sich nach Ihnen als Autor richtet – wenn Sie zum Beispiel Ihren Film in einer anderen Zeit spielen lassen. Es bleibt Ihnen überlassen, wie Sie die Zukunft charakterisieren, wenn Sie beispielsweise das Berlin des Jahres 2048 in einer Szene haben möchten: Karge, schmucklose Gebäude unter einer Wolke aus Smog oder imposante, verspielte Architektur in einem Meer aus Grün mit klarer Luft. Sie haben doch bestimmt beim Schreiben schon eine Vorstellung, wie alles auszusehen hat. Bringen Sie das auch in Ihr Drehbuch.

Aber auch hier gilt – ich kann es gar nicht oft genug sagen – bleiben Sie kurz und bündig, charakterisieren Sie eher, als dass Sie beschreiben. Denken Sie immer an die Story: All das, was für Story und für Charakterisierung unwichtig ist, fliegt raus! Lassen Sie noch genug Ideen für die Leute von der Requisite übrig.

Weiter geht es mit den Figuren: Tauchen sie das erste Mal auf, wird (vor allem bei den Hauptfiguren) die äußere Erscheinung beschrieben. Ein 1,90m Blonder, Mitte Zwanzig oder ein zu kurz geratener Italiener an die sechzig – wenn Sie Ihre Figuren entwickeln, werden Sie sich auch über deren äußere Erscheinung Gedanken machen. Lassen Sie das ins Drehbuch einfließen.

Aber Vorsicht: Legen Sie sich nicht allzu sehr fest. Im schlimmsten Fall haben Sie auch schon einen bestimmten Schauspieler im Kopf und schreiben Ihm die Rolle auf den Leib. Versuchen Sie das zu vermeiden. Sollte Ihnen dieser Fehler dennoch unterlaufen, behalten Sie es zumindest für sich und schreiben Sie nicht „ein George-Clooney-Typ" oder „erinnert an Julia Roberts". Kein Schauspieler möchte sich gern in eine Schublade oder ein Rollenklischee zwängen lassen, und wer könnte ihm das verübeln? Bleiben Sie also bei einem Erscheinungsbild, welches nicht zu sehr einengt, sich gleichzeitig aber zur Charakterisierung eignet.

Fazit:

Noch einmal zur Zusammenfassung: Alles Unnütze und alles, was im Film nicht zu sehen ist, lassen Sie weg. Wie riecht es, welche Hintergrundgeräusche sind zu hören, was passiert außerhalb der Kamera, wie fühlen sich die Figuren? Alles unerheblich. Möchten Sie doch etwas transportieren, das Sie für wichtig erachten, tun Sie es mittels der Dialoge.

3. Der Dialog

Der Name der Person, die den Dialog spricht, wird in Großbuchstaben zentriert, der Dialog selber wird mit einem deutlichen Einzug optisch vom Rest abgehoben:

```
                MARK
        Hey   Mann,   alles   klar?
        Ging  ganz  schön  ab  ges-
        tern  mit  Dir  und  Tanja,
        hm?
```

Der fertige Film wird quasi ausschließlich aus Dialogen bestehen. Das heißt, dass Sie eben hierauf Ihr Hauptaugenmerk legen sollten. Charakterisierung, Informationsübermittlung oder Handlung, möglichst viel sollten Sie mit den Dialogen transportieren.

Für das Fernsehen gilt das sogar noch viel mehr als für das Kino, da das Fernsehen eher ein orales als ein visuelles Medium ist. Das meint, dass Fernsehen oft auch nebenbei geschaut wird, Sie kennen das bestimmt von sich selbst. Beim Fernsehen wird viel nebenbei getan, sei es gegessen, irgendwelche Schreibarbeit oder Hausarbeit wie Bügeln. Anders als im Film ist dabei der Zuschauer nicht permanent aufs Bild konzentriert, sondern begnügt sich oft mit dem, was er hört.

Deshalb ist es umso wichtiger, Informationen durch die Dialoge zu transportieren, da sie dem Zuschauer sonst schnell entgehen und er ohne diese Informationen womöglich bald das Interesse verliert. Sie werden feststellen, dass immer einige Leute dazu neigen, sich während des Vorspanns noch zu unterhalten, obwohl der Film doch längst angefangen hat. Warum ist das so? Weil der Zuschauer, von beeindruckenden Action- und Spezialeffektszenen einmal abgesehen, unbewusst nur solche Szenen als wichtig erachtet, die Dialog enthalten. Das kann man gut finden oder nicht, es ist aber so – also müssen Sie sich darauf einstellen.

Aus diesem Grund wurden in der korrigierten Fassung des Ausschnitts oben alle Informationen, die wichtig für den Gesamtzusammenhang sind, von der allgemeinen Beschreibung entnommen und in den Dialog eingebaut – auf diese Weise wird auch dem Zuschauer später beim fertigen Film klar, wie die Figuren sich fühlen und warum sie auf eine bestimmte Art und Weise handeln. Eine besondere Rolle fällt dabei der Figur des „besten Freundes" zu, auf den wir später noch genauer eingehen werden (siehe dazu unter 2. *Die Nebenfiguren*).

Besonderheiten

Bei allen formellen Regeln, die für ein Drehbuch gelten, gibt es immer ein paar Besonderheiten, die sich nicht in ein Schema pressen lassen oder für die es keine geschrieben Gesetze gibt. Bestimmte Arten von Szenen erfordern entsprechende Feinheiten im Drehbuch, wie z.B. die Darstellung von Actionszenen, die in der Regel nicht nur ohne Dialog auskommen, sondern auch noch von Bewegung geprägt sind, oder Dialoge, die einen Akzent oder eine komplett andere Sprache beinhalten.

Wie kennzeichne ich Flashbacks, wie verwende ich Voice Over? Für all diese Sachen gibt es keine Regeln die Form betreffend. Verlieren Sie nie die Funktion eines Drehbuchs als Arbeitsvorlage aus den Augen. Egal, welche Elemente Sie einbauen möchten, achten Sie immer darauf, dass Sie verständlich sind für denjenigen, der damit arbeitet. Nur so ist es möglich, dass sich dieser in Ihre Lage versetzt und alles in Ihrem Sinne umsetzt. Dafür hier ein paar Vorschläge:

1. Sprachen & Dialekte

Nehmen wir einmal an, Sie haben in Ihrem Drehbuch eine oder mehrere Passagen auf Japanisch. Ihr Japanisch ist aber schon ein wenig eingerostet oder

Sie finden es zu Recht zu kompliziert oder unüber-
sichtlich, beispielsweise den Dialog auf Japanisch
und die Übersetzung in Klammern dahinter zu
schreiben. Machen Sie es sich und der Filmcrew
doch ganz einfach: Schreiben Sie Ihren Dialog ganz
in Ihrer Sprache und vermerken Sie kurz, dass eine
bestimmte Markierung, beispielsweise der Abschnitt zwischen << und >>, auf eine Sequenz in Japanisch hinweist. Das sähe dann z.B. so aus:

```
STRASSE IN TOKIO        AUSEN/TAG
TOGOSHI kommt atemlos auf Mark
und Michael zugerannt, wild mit
den Armen gestikulierend.
```

(<< >> kennzeichnet Dialog auf Japanisch)

```
        TOGOSHI
        (schreit)
 <<Hey, hier her, hier
 her! Hier! Sie liegt
 hier hinten, beeilt
 Euch!>>


        MICHAEL
 Was will der denn bloß?
 (Zu Togoshi:) Ey, wir
 verstehen dich nicht!


        TOGOSHI
        (schreit)
 <<Verdammt, Ihr seid in
 Japan, spricht denn kei-
```

ner von Euch japanisch?
Ihr Idioten!!>>

MARK
Mann, keine Ahnung, was
der will…

TOGOSHI
(schreit, zu Michael)
<<Du bist doch der von
gestern aus dem Nacht-
club, der mit dem Geld,
ich kenne Dich! Du bist
Michael! Kommt, wir müs-
sen Hilfe holen!>>

MICHAEL
Hey, hat der eben meinen
Namen gesagt? Woher weiß
der meinen Namen?
(zu Togoshi)
Do you speak English? We
don't understand you!

TOGOSHI
(in gebrochenem Eng-
lisch)
Me not English! You
help!
(zeigt nach hinten)
There! You help!

Solche Dialoge lesen sich zwar immer ein wenig putzig, weil hier die Figuren aneinander vorbei-reden und sich scheinbar nicht zuhören, im fertigen Film ist es natürlich anders. Anders als dort kann der Leser des Drehbuchs, also vor allem die Film-crew, dem kompletten Dialog folgen und entsprechend in Szene setzen. Mit dem entsprechenden Hinweis hat der Regisseur eine wunderbar übersichtliche Arbeitsvorlage, und der Autor kommt nicht in die Verlegenheit, Dialoge auf einer ihm eigentlich unbekannten Sprache zu recherchieren. Das würde wahrscheinlich ohnehin zu keinem zufriedenstellenden Ergebnis führen, und hier würde im Idealfall ein Muttersprachler den entsprechenden Dialogteilen Authentizität verleihen. Gleichzeitig ist es nicht nötig, kategorisch beim Deutschen zu bleiben und sich immer mit der Kennzeichnung der entsprechenden Dialogteile zu helfen.

Wenn, wie im Beispiel, einzelne und kurze Sätze in einer anderen Sprache gesprochen werden, können diese durchaus auch in dieser Sprache geschrieben sein – besonders dann, wenn es sich um bei uns gängige Sprachen wie Englisch oder Französisch handelt. Wenn Sie es als Autor wünschen oder es der Story dient, schreiben Sie kurz dazu, ob die Dialogteile in der Fremdsprache untertitelt werden sollen oder nicht.

Alles, was für Fremdsprachen im Drehbuch gilt, lässt sich auch auf Mundarten und Dialekte übertragen. Es ist keinesfalls nötig, sogar eher ungern gesehen, wenn Sie ganze Dialoge wörtlich im entsprechenden Dialekt schreiben. Auch hier genügt es durchaus, wenn Sie einfach markieren, welche Stellen in welchem Dialekt gesprochen werden sollen. Die eigentliche Arbeit bleibt dann dem Schauspieler überlassen. Ausnahmen sind natürlich, wenn Eigenheiten und spezielle Ausdrücke des Dialekts Gegenstand des Dialogs sind:

WIRTSHAUS   INNEN/TAG

(<< >> kennzeichnet Dialog mit bayrischem Dialekt gesprochen)

                    CARSTEN
          Grüß dich, Schorsch! Ist
          das ein Mistwetter! Ich
          muss erst mal was essen,
          ich komm um vor Hunger!

                    SCHORSCH
          <<Servus, Carsten! Ich
          hol mir auch was, möch-
          test Du ein
          Fleischpflanzerl?>>

                    CARSTEN
          Eine was...?

                    SCHORSCH
          <<Na ein Fleischpflanzerl!
          Oder „Frikadelle", wie
          man bei Euch oben
          sagt...>>

Also auch hier, anstatt sich umständlich zu überlegen, wie man Mundarten und Dialekte ins Schriftdeutsch überträgt und man sich mit Formulierungen wie „Moagst a Fleischpflanzerl?" herumplagt, geht man lieber den eleganteren Weg und überlässt den Dialekt den Schauspielern – das gilt natürlich gleichermaßen für ausländische Akzente.

2. Regieanweisungen

Wie ebenfalls an den Beispielen zu sehen ist, kommt man oft nicht drumherum, Regieanweisungen zu geben. Diese Anweisungen sind aus dem Theater bekannt und weisen die Schauspieler an, wenn Dialoge auf bestimmte Art gesprochen werden („schreit", „weinerlich", „flüstert") oder mit Handlungen unterlegt werden sollen („zu Michael", „zwinkert", „packt ihn am Kragen"). Auch hier gibt es keine festen Regeln, wie solche Anweisungen einzubauen sind, wichtig ist vor allem – Sie ahnen es bereits – die Übersichtlichkeit. Es hat sich bewährt, die Regieanweisungen in einer separaten Zeile in Klammern in den Dialog einzubauen:

```
              TOGOSHI
     (in gebrochenem Englisch)
     Me not English! You
     help!
        (zeigt nach hinten)
     There! You help!
```

Die Anweisungen treten deutlich hervor und gehen nicht im eigentlichen Dialog unter. Anweisungen,

106

die sich auf den gesamten folgenden Teil beziehen, beispielsweise die Lautstärke, kommen der Einfachheit halber direkt an den Anfang unter den Namen der Figur, die spricht. Der Schauspieler weiß dann auf einen Blick, dass die Anweisungen für den kompletten Teil gilt, während Anweisungen mitten im Dialog, wie z.B. „(zu Michael)", zeigen, dass eine Aktion auf diesen Moment beschränkt ist.

3. Montagen & Parallelschnitte

Ein besonderer Fall sind auch Szenen, die in sehr schneller Folge wechselnde Schauplätze und Situationen zeigen. Das müssen nicht ausschließlich Actionszenen sein – diese sind zwar auch sehr temporeich und enthalten schnelle Schnittfolgen, haben aber einen klaren Handlungsverlauf– eben die „Action".

Für viele Szenen gilt dies trotz schneller Schnittfolgen nicht: Telephongespräche, zwei parallele Handlungsabläufe oder viele kleine Szenen, die als Einheit eine längere Zeitspanne oder eine andere Veränderung symbolisieren, sogenannte „Montagen" haben keinen geradlinigen Handlungsablauf und sind dementsprechend sehr speziell. Sie werden verwendet, um eine umfangreiche Entwicklung oder eine lange Zeitspanne zu komprimieren, da es zu viel Zeit beanspruchen oder den Handlungsbogen unterbrechen würde, diese komplett auszuführen.

Mehr noch als bei den meisten anderen Szenen besteht die Schwierigkeit fürs Drehbuch bei einer

Montage darin, Szenen, die man ohne Probleme vor dem geistigen Auge hat, so niederzuschreiben, dass sie den eigenen Vorstellungen gerecht oder von einem Fremden gelesen werden. Hier ist es auf jeden Fall von Vorteil, wenn Sie auf eine gute und übersichtliche Lesbarkeit achten. Möglich, aber recht aufwendig wäre folgende Montage: Der Protagonist Stephan wurde von seiner Freundin verlassen – eine Montage kann hier verdeutlichen, dass viel Zeit ins Land streicht.

```
MONTAGE von Stephan, der voller
Trauer über seine beendete Be-
ziehung nicht mehr er selbst
ist. Die Szenen werden unter-
malt von trauriger LIEBESMUSIK.

WILHELMSSTRASSE       AUSSEN/TAG
Die Straße ist nass vom Regen,
aus der Ferne sind Polizei-
sirenen zu hören. Die Blätter
der Bäume wehen durch die
herbstliche Gegend. Einsam
zieht Stephan durch die
Straßen.

BAR                  INNEN/NACHT
Stephan setzt sich an die The-
ke. Er ist umgeben von anderen,
fröhlichen Gästen, die er nicht
zu bemerken scheint. Er be-
stellt einen Whiskey, als der
Bartender ihm einschenkt und
```

die Flasche zurückstellen will,
bedeutet Stephan ihm, die Flasche doch gleich lieber stehen
zu lassen.

BAR   INNEN/NACHT
Stunden später. Der Bartender
wischt die Theke und poliert
die Gläser, Stephan ist der
letzte verbliebene Gast, vor
ihm die mittlerweile leere
Whiskeyflasche. Der Bartender
möchte schließen, aber Stephan
ist noch gar nicht in Laune zu
gehen und wehrt sich.

VOR DER BAR   AUSSEN/NACHT
Die Eingangstür der Bar wird
geöffnet. Stephan wird laut
fluchend unsanft vom Bartender
auf die Straße befördert.

STEPHANS BÜRO   INNEN/TAG
Stephan sitzt am Schreibtisch,
unrasiert, das Hemd ungebügelt,
die Krawatte schlecht gebunden
- ein Schatten seiner selbst.
MEYERHOLZ, sein Chef, steht vor
ihm und redet auf ihn ein. Stephan kümmert es offenbar nicht,
er starrt nur apathisch vor
sich hin.

```
WILHELMSSTRASSE          AUSSEN/TAG
Die  Straße  ist  schneebedeckt,
der  Wind  fegt  durch  die  Stra-
ßen.  Einsam  zieht  Stephan  durch
die  Gegend,  einen  dicken  Win-
termantel  tragend,  den  Kragen
schützend  hochgestellt.


STEPHANS  ZIMMER          INNEN/NACHT
Stephan  sitzt  in  seinem  Zimmer
auf  seinem  Lieblingssessel,  halb
angezogen,  eine  Gitarre  auf  dem
Schoß.  Mit  verklärtem  Blick
spielt  er  ein  paar  Töne  und
singt  dazu.
```

Diese Szenen zusammengefügt würden eine Montage von ca. drei bis fünf Minuten ergeben, in der
klar wird, wie deprimiert Stephan ist, nachdem seine Freundin ihn verlassen hat, wie sehr er sich hängen lässt und wie sehr ihn das alles mitnimmt, während ein halbes Jahr ins Land streicht.
Die Probleme, die dies mit sich bringt, drängen sich
förmlich auf:

Erstens:
Eine Montage wirkt schnell kitschig und klischee-
beladen. Hier im Beispiel auf die Spitze getrieben,
denkt sich der Leser bereits „naja...", aber auch mit
einer Prise mehr Originalität haftet der Montage
immer etwas altmodisches, klischeehaftes an. Ver-

meiden Sie sie deshalb, wo es nur geht – wollen Sie sie dennoch unbedingt im Buch haben, schreiben Sie es ein wenig eleganter!

Zweitens:
Auch wenn ein Drehbuch keinesfalls als ansprechende Bettlektüre gedacht ist, muss es doch immer Spaß machen, es zu lesen. Wenn Sie die Szenen wie oben zerstückeln und dem Regisseur jedes kleine Stück Film bereits vorsetzen, machen Sie sich keine Freunde.
Sie wollen noch immer um jeden Preis eine Montage, nachdem Stephans Freundin sich von ihm getrennt hat – also gut! Probieren Sie es aber trotzdem einmal auf folgende Art:

```
MONTAGE von Stephan, der voller
Trauer über seine beendete Be-
ziehung nicht mehr er selbst
ist. Die Szenen werden unter-
malt von trauriger LIEBESMUSIK:

Stephan macht das volle Pro-
gramm des verletzten Liebenden
durch. Er zieht durch die
herbstlichen Straßen, betrinkt
sich in irgendwelchen Bars, wo
er irgendwann morgens raus-
fliegt. Auch im Job ist er un-
konzentriert und apathisch, ihn
kümmert nichts mehr außer sei-
ner verflossenen Liebe. Er ver-
```

nachlässigt sein Äußeres, kap-
selt sich ab. Der Winter zieht
ins Land, aber noch immer hat
Stephan nichts Besseres zu tun,
als einsam mit seiner Gitarre
in seinem Zimmer herumzusitzen
und seiner Ex-Freundin nachzu-
trauern...

Merken Sie es? Nicht nur, dass Sie dem Regisseur wesentlich mehr Freiheiten lassen (was dieser zu schätzen wissen wird!), sondern einmal rein vom Lesefluss betrachtet, geben Sie dem Drehbuch eine gewisse Lockerheit, die alles sehr viel angenehmer zu lesen macht. Szenen, die relativ frei in ihrer Umsetzung sind, da sie Entwicklungen oder Gefühlszustände lediglich illustrieren, müssen im Drehbuch nicht bis ins allerkleinste Detail ausgefertigt sein.

Mit ein paar Zeilen, in denen Sie die Entwicklung anhand ein paar Bilder umschreiben, erreichen Sie viel mehr, als wenn Sie sich viele kleine Szenen überlegen, die Sie Einstellung für Einstellung ins Drehbuch übertragen.

Genial gelöst wird solch ein Dilemma von Richard Curtis im Script zu NOTTING HILL. Nach dem Zwischenfall mit den Paparazzi morgens vor der Haustür verlässt Julia Roberts' Figur Anna den von Hugh Grant verkörperten William – scheinbar für immer. Mit nur einer einzigen langen Kamerafahrt wird ohne sichtbaren Schnitt gezeigt, wie die Zeit für William ohne Anna ins Land zieht: Während

Williams langem, traurigen Spaziergang durch Notting Hill ändern sich die Jahreszeiten im Hintergrund von Sommer über Herbst hin zum Winter, bis es wieder Frühling wird. Kleine Details verstärken den Eindruck der verstreichenden Zeit: Eine Frau, die anfangs im Hintergrund hochschwanger zu sehen ist, hält wenige Sekunden später, als wieder Frühling ist, ihr Baby im Arm; Williams Schwester, am Anfang der Szene noch glücklich mit ihrem neuen Freund, trennt sich am Ende unter Tränen von ihm.

Ohne klischeehaft zu wirken (und das ist bei dem Thema wirklich nicht leicht) wird hier ganz ohne eine Montage eindrucksvoll alles erreicht, was man als Autor transportieren möchte: Dem Zuschauer wird mitgeteilt, wieviel Zeit verstreicht, und wie (oder ob) die Figuren in der Zeit irgendwelche Veränderungen durchmachen. Ohne plumpe Effekte oder Schnitte umgeht Curtis hier eine klassische Montage und lässt die Szene in sich rund und elegant wirken.

Montagen sind also in der Regel dazu da, eher unspektakuläre Entwicklungen zu zeigen, die es sich nicht lohnt, in langen Szenen darzustellen. Mit vielfältigen Schnitttechniken, wie z.B. Split-Screen, wird versucht, die Szenen wenigstens optisch aufzupeppen, da sie sonst wenig hergeben – lassen Sie also lieber Ihre Kreativität spielen und setzen Sie Montagen nur dann ein, wenn Sie sie wirklich nicht vermeiden können.

Anders verhält es sich mit Parallelmontagen und -schnitten, die sowohl narrativ *als auch* optisch viel hergeben und ihren Reiz meist aus einer gewissen Gegensätzlichkeit erzielen. Oft können komplett gegenteilige Emotionen und Stimmungen auf diese Weise so miteinander verbunden werden, dass sehr nachhaltige oder – genreabhängig – auch sehr verstörende Szenen entstehen, die dem Film viel Intensität verleihen.

Wenn es passt und nicht gekünstelt wird, bauen Sie solche Passagen ruhig in Ihr Drehbuch ein, aber achten Sie auch hier auf die gute Lesbarkeit. Bevor Sie also jede kleine Szene einzeln niederschreiben, verfahren Sie ähnlich wie bei der Montage und drücken Sie in ein paar Zeilen aus, welche Art von Szenen Sie nebeneinander haben möchten.

Eine sehr schöne und sehr intensive Parallelmontage ist z.B. in Francis Ford Coppolas DRACULA zu sehen. Zwei Sequenzen, die emotionaler und gegensätzlicher nicht sein könnten, sorgen durch die Schnitttechnik für einen der intensivsten und eindrucksvollsten Momente des Films: Zur selben Zeit, zu der die von Keanu Reeves und Winona Ryder verkörperten Protagonisten Jonathan und Mina in Transsylvanien in einer romantischen und ruhigen Zeremonie vor den Traualtar treten, wird zu Hause in London Minas beste Freundin von Dracula in einem Blutbad aufs Grausamste regelrecht abgeschlachtet. Gegensätzlicher könnten zwei Szenen nicht sein. Und zusammengenommen erreichen sie ein Maß an Intensität, wodurch sich die Szenen im Kopf des Zuschauers regelrecht einbrennen.

Machen Sie sich diesen Effekt zunutze – passt er wirklich gut an einem Punkt hinein, gewinnt Ihr Drehbuch ungemein an Intensität und Originalität. Dafür jedoch, ob eine Parallelmontage an einer bestimmten Stelle tatsächlich ihre Wirkung erzielt oder eher konstruiert wirkt, gibt es keine festen Regeln – lassen Sie Ihr Gespür entscheiden.

4. Actionszenen

Nicht gerade der Liebling vieler Drehbuchautoren... Aus einem ganz einfachen Grund: Das Drehbuch lebt vom Dialog, alles Optische ist Sache des fertigen Films. Da aber in der Regel Action-Szenen nicht nur Füllszenen sind, sondern sie zur Handlung wesentlich beitragen (so sollte es zumindest sein), müssen Sie ihnen in Ihrem Drehbuch auch die entsprechende Aufmerksamkeit widmen.

Das Problem dabei liegt in der Natur der Action-Szene: Wenig Dialog, viel Bewegung und sehr dichte Handlung – einfach ausgedrückt: Boom Boom ohne Pause, umherfliegende Autos, Explosionen und Verfolgungsjagden!

Jetzt packen Sie diese aufregenden Szenen mal in einen nüchternen Drehbuchstil... Tatsächlich ist es so, dass, auch wenn Sie im Drehbuch nicht unbedingt in den IKEA-Bauanleitungsstil verfallen müssen, Sie doch eine gewisse Sachlichkeit in Ihren

Formulierungen beachten sollten, die – wie gesagt – das Ziel hat, bestmögliche Übersichtlichkeit und Lesbarkeit zu gewährleisten.

Beschreiben Sie also, wenn Sie eine Actionszene einbauen, was tatsächlich zu sehen ist und der Story dient, überlassen Sie der Filmcrew den Rest. Da es sich bei Action-Szenen in gewisser Weise ebenfalls um Montagen handelt, beschränken Sie sich auch hier auf möglichst wenige, flüssig zu lesende Zeilen. Action-Szenen wechseln oft schnell den Ort, da meistens alles in Bewegung ist. Vermeiden sollten Sie also folgende Variante:

```
HAUPTSTRASSE          AUSSEN/TAG
Johannes' Golf kommt die Straße
entlanggeschossen, schon deut-
lich mitgenommen vom Crash vor
wenigen Sekunden, der Polizei-
wagen ist ihm dicht auf den
Fersen. Er weicht einem lang-
sameren roten alten Fiat Panda
aus, die Fahrerin, eine Mitt-
dreißigerin, Typ Grundschul-
lehrerin mit Brille und Latz-
hose, zeigt ihm den Vogel.
Johannes bemerkt es natürlich
nicht. Er geht kurz vom Gas,
reißt das Lenkrad herum und
fährt in eine...

SEITENSTRASSE         AUSSEN/TAG
..., die Polizei hinterher. Jo-
hannes' Golf kollidiert fast
```

mit einem blauen Opel Vectra
als sein Golf versehentlich auf
die Gegenspur kommt. Johannes
kann den Crash gerade noch verhindern, indem er auf den Bürgersteig ausweicht, eine kleine
Gruppe von Passanten schafft es
gerade rechtzeitig, zur Seite
zu springen. Johannes verreißt
das Steuer und rast geradezu
auf einen McDonalds zu.

MCDONALDS   INNEN/TAG
Ein normaler, ruhiger Tag in
dem Schnellrestaurant, Leute am
Schalter, kleine Kinder mit
Luftballons, aus dem Laut-
sprecher leise berieselnde
FAHRSTUHLMUSIK. Plötzlich ein
Lautes RUMMSEN und KLIRREN,
Scheiben zerbersten, Kunden
rennen wie kopflose Hühner
durch die Gegend – Johannes'
Golf ist durch ein großes Fenster gekracht und kommt mitten
im Laden zum Stehen, bedeckt
von Trümmern und Glassplittern.
Offenbar ist niemand verletzt.
Johannes steigt aus dem Wagen,
schaut sich leicht irritiert
um, die Leute starren ihn ver-
ständnislos an.

                    JOHANNES
           (während er sich Glas-
           scherben von der Schul-
                  ter wischt)
           Was denn, ist das hier
           etwa kein Drive-In?

Unabhängig davon, ob man – auch, wenn es durchaus häufig getan wird – eine Actionszene stets mit
einem glimpflich verlaufenen Crash und einem ab-
schließendem platten Witz enden lassen möchte,
steht beim Beispiel oben etwas ganz anderes im Fokus: Wenn Sie eine zusammenhängende Action-
sequenz in jede noch so kleine Einzelszene auf-
schlüsseln, tun Sie sich und dem Leser keinen
Gefallen, da die Einheit der Sequenz förmlich aus-
einandergerissen wird. Straffen Sie ein wenig und
geben Sie der Szene Tempo. Das könnte dann ungefähr so aussehen (und ja, ich behalte den platten
Witz am Ende!):

HAUPTSTRASSE   AUSSEN/TAG
Johannes' Golf kommt die Straße
entlanggeschossen, schon deutlich mitgenommen vom Crash vor
wenigen Sekunden, der Polizei-
wagen ist ihm dicht auf den
Fersen. Er weicht einem lang-
sameren Wagen aus, geht kurz
vom Gas, reißt das Lenkrad
herum und fährt in eine SEITEN-

STRASSE, die Polizei hinterher.
Sein Golf kollidiert fast mit
einem anderen Wagen, muss in
irrem Tempo auf den Bürgersteig
ausweichen, Passanten springen
zur Seite. Johannes verreißt
das Steuer und rast geradezu
auf einen McDonalds zu.

MCDONALDS   INNEN/TAG
Ein ruhiger Tag in dem Schnellrestaurant, bis jetzt: Johannes' Golf kracht unter lautem
RUMMSEN und KLIRREN durch ein
großes Fenster und kommt mitten
im Laden zum Stehen, bedeckt
von Trümmern und Glassplittern.
Offenbar ist niemand verletzt.
Johannes steigt aus dem Wagen,
schaut sich leicht irritiert
um, die Leute starren ihn ver-
ständnislos an.

                JOHANNES
        (während er sich Glas-
        scherben von der Schul-
              ter wischt)
        Was denn, ist das hier
        etwa kein Drive-In?

Dieselbe Sequenz, aber mit deutlich mehr Tempo
und zusammenhängender erzählt. Ortswechsel,
wenn beispielsweise ein Wagen eine andere Straße
hineinfährt, brauchen keine eigene Szene – schreiben Sie einfach im Text die neue Umgebung in

Großbuchstaben, dann weiß die Filmcrew Bescheid. Halten Sie sich nicht mit Details auf, die – Hand aufs Herz! – völlig irrelevant für die Story sind. Genaue Beschreibung von Automodellen, die nur am Rand auftauchen, genaue Beschreibung von Randfiguren, die nur mal kurz durchs Bild huschen, all das können Sie ruhig weglassen. Konzentrieren Sie sich gerade bei Actionszenen aufs Wesentliche!

5. Voice-Over, Rahmenhandlung & Co. – Narrative Stilmittel

Es gibt viele Elemente, die einem Drehbuch einen besonderen Schliff geben und es – rein formell – von der Masse abheben. Die bekanntesten davon sind sicherlich die *Rahmenhandlung* und das Einfügen einer Erzählstimme, des so genannten *Voice-Over*.

Beide Elemente, vorausgesetzt sie werden klug eingesetzt, können Ihrem Film das gewisse Etwas verleihen. Vorraussetzung dafür ist allerdings, dass es – wie sollte es anders sein – der Story dient. Andererseits wirkt es schnell aufgesetzt, wenn eine Handlung aus dem Off kommentiert wird oder der ganze Film in eine Rahmenhandlung eingebettet ist, die mit der Haupthandlung in keinerlei Verbindung steht.

Gründe für eine Rahmenhandlung kann es viele geben, gute Gründe nur wenige. Eigentlich gibt es nur einen guten: Die Rahmenhandlung ist die eigentliche Story.

Der alternde Komponist, der sich von der Seele reden möchte, dass er Mozart getötet hat (AMADEUS), der Todkranke, der seiner großen Liebe hinterhertrauert (DER ENGLISCHE PATIENT), der kleine Gangster, der die Polizei zum Narren hält und seine wahre Identität verschleiert (DIE ÜBLICHEN VERDÄCHTIGEN) oder der liebenswerte Trottel, der seine Lebensgeschichte erzählt, während er auf den Bus wartet (FORREST GUMP) – all diese, durch die Bank großartigen, Filme erzählen in Flashbacks, was erst zur eigentlichen Story, eben der Rahmenhandlung, führt. In der Regel, aber nicht zwangsläufig, gehen im letzten Drittel des Films die Flashbacks in die Rahmenhandlung über und führen alle losen Enden zusammen – beide Storys bilden dann eine Einheit und eine in sich abgeschlossene Geschichte.

Ähnlich ist es mit dem Voice-Over, der Erzählstimme. Ihr Einsatz ist zwar wesentlich vielfältiger, aber auch oft überflüssig. Voice-Over wird gerne verwendet, um den literarischen Charakter eines Films zu betonen, wenn es sich um eine Buchadaption handelt. Der Erzähler übernimmt dann die Rolle des Erzählers im Buch, gerade am Anfang und zum Ende hin. Oft ist es auch der Protagonist selbst, der auf Ereignisse seines Lebens zurückblickt und – ohne zwingend in eine Rahmenhandlung eingebettet zu sein – aus dem Off die Geschehnisse kommentiert (DAS WILDE LEBEN).

Allzu oft wird diese Methode dazu missbraucht, sich die Sache einfacher zu machen: Warum anhand von Dialogen oder Ereignissen eine längere Handlung zeigen, wenn eine Stimme aus dem Off einfach sagen kann „So und so war das damals!". Ganz einfach, weil es unkreativ ist! Wenn Sie das Drehbuch kürzen oder straffen müssen, o-kay Wenn Sie sich aber einfach nicht die Mühe machen wollen, eine Reihe von Ereignissen in Dialoge und Szenen zu packen (und auch eine Montage ist, wie bereits erläutert, nur Notlösung), stattdessen lieber auf Voice-Over zurückgreifen, setzen Sie sich besser noch mal an den Schreibtisch und überlegen, wie Sie es eleganter lösen könnten!

Manche Filme gehen sogar so weit, Nebenfiguren, die gar nicht groß in die Handlung involviert sind, bestimmte Szenen aus dem Off kommentieren zu lassen. Auch wenn Ihnen so etwas die Mühe einer umfangreichen Dialoggestaltung erspart, lassen Sie sich davon nicht inspirieren und investieren Sie lieber etwas mehr Zeit in Informationen, die durch Dialoge und Handlung transportiert werden, nicht durch Erzählstimmen!

6. Geräusche und Musik

Eins gleich zu Anfang: Es gibt rein auf die Form bezogen ganz klare Konventionen, Geräusche und Musik in ein Drehbuch zu bringen. Alles, was der Zuschauer im Film hören wird, schreiben Sie in Großbuchstaben. Unabhängig davon, ob es sich um Hintergrundgeräusche, Handlungsgeräusche, eine bestimmte Art von Musik oder sogar um einen bestimmten Song handelt. Für die Filmcrew, besonders natürlich für den Tonschnitt, ist es wichtig, auf einen Blick zu sehen, wenn Geräusche im Drehbuch eingebaut sind – wann Sie dies jedoch tun, bleibt Ihnen überlassen.

Wie bereits erwähnt, sind Sie für den Soundtrack nicht zuständig, so groß die Verlockung auch ist. Auch wenn Sie vielleicht zu jeder Szene das passende Lied bereits im Kopf haben, beschränken Sie Ihre Musikvorschläge auf Szenen, in denen bestimmte Musik entweder zur Handlung beiträgt oder wichtig für die Charakterisierung der jeweiligen Figuren oder Orte ist.

Bei SEA OF LOVE ist es immer der namensgebende Song, den der Mörder hinterlässt, die Seele des Hingerichteten in DÄMON verrät sich in jedem neuen Körper dadurch, dass er (das allein schon vom Text sehr treffende) *Time Is On My Side* von den Rolling Stones summt, und dann natürlich Bill Murray, der jeden Tag aufs neue mit *I Got You, Babe* aufwacht. Hat ein Song essentielle Bedeutung für die Handlung und dient nicht nur der Untermalung, schreiben Sie ihn ins Drehbuch.

Der Grund, mit festen Songvorlagen sparsam umzugehen, liegt in der Frage nach den Rechten. Sie wissen nicht, wie teuer es für das Studio oder die Produktionsfirma sein wird, den Song spielen zu dürfen. Hat der Verantwortliche das Gefühl, die Musikauswahl in Ihrem Drehbuch ist beliebig und zu häufig, wird er sich im Zweifelsfall gegen Ihre Vorlage und für ein Stück *seiner* Wahl entscheiden –

und das ist nicht in Ihrem Sinne. Halten Sie deshalb im Drehbuch bereits fest, welchen Stellenwert bestimmte Musik für die Story hat.

Wenn Sie mit Hilfe von Musik eine Figur oder einen Ort charakterisieren möchten, reicht meist schon die Angabe eines bestimmten Musikgenres. In manchen Fällen jedoch wäre dies noch zu allgemein. Es macht einen Unterschied, ob Sie schreiben „im Hintergrund wird klassische Musik gespielt" oder „von der CD läuft Mozarts Piano-Sonate Nr. 15 in C-Dur".

Möglichkeit 1 lässt dem Regisseur freie Wahl bezüglich der Musik, nur klassisch sollte Sie sein (um beispielsweise das gediegene Ambiente eines Restaurants zu betonen). Stellen Sie deshalb immer klar, welche Stimmung die jeweilige Musikuntermalung erzeugen soll. Denn auch klassische Musik kann z.B. sehr dramatisch und schwer, aber auch sehr romantisch und seicht sein. Was passt zur Stimmung oder zur Charakterisierung? Genauso Pop-Musik. Den Satz „im Hintergrund läuft Popmusik" können Sie wegen Bedeutungsleere direkt streichen – probieren Sie es stattdessen lieber auf folgende Weise:

Eine Szene mit der 15-jährigen Katie, die, nehmen wir einmal an, vorher schon einmal eingeführt wurde. An dieser früheren Stelle würde auch ihr Äußeres und die Einrichtung ihres Zimmers bereits beschrieben worden sein. Es steht Ihnen als Autor natürlich frei, die Charakterisierung einer Figur durch Details fortzusetzen und es nicht bei äußerer

Erscheinung (beim ersten Auftauchen) und Wohnungseinrichtung zu belassen. Das können beispielsweise Hobbys sein, Autos oder eben die Musik, welche die Figur hört:

```
KATIES ZIMMER         INNEN/TAG
Katie liegt mit Kopfhörern
auf Ihrem Bett, die Augen ge-
schlossen. Man hört gedämpft
aus den Kopfhörern MUSIK, das
neueste Lied ihrer Lieblings-
Boygroup. Ein lautes KLOPFEN
an der Tür, Katie ist aber zu
sehr mit sich und der Musik
beschäftigt, um es zu hören
und reagiert nicht.
```

Katie wird allein durch die kurze Erwähnung der Musik weiter charakterisiert. Vorausgesetzt, Erscheinung und Zimmereinrichtung unterstreichen das, ist sie ein durchschnittlicher Teenager der Gegenwart, ein bisschen verträumt und mit wenig Hang zu Individualismus. Die selbe Szene ließe Katie in ganz anderem Licht dastehen, wenn wir statt der Boygroup Jimi Hendrix wählen würden oder Ella Fitzgerald – unterschätzen Sie also nie die Wirkung von Musik und die Rückschlüsse, die sich durch sie auf den Charakter der Figuren ziehen lassen. Nicht nur, dass Sie hier der Filmcrew gewisse Freiheiten lassen bei der Wahl des Songs (denn es ist hier wirklich nicht entscheidend, welches Boygroup-Stück läuft ...), sondern Sie zeigen auch, dass Sie lediglich betonen möchten, welche Art von Musik Sie dem Charakter Ihrer Figur zuordnen wollen, ohne sich auf einen bestimmten Song zu versteifen.

Anders, wenn Sie ein Stück als Teil der Story bewusst wählen: Dafür sollte es einen guten Grund geben. Auch hier ein Beispiel:

```
TOMS WOHNUNG        INNEN/NACHT
Die Wohnungstür öffnet sich und
herein  kommen  Tom  und  MANDY,
26,  eine  attraktive  Blondine,
ein   wenig   zu   auffällig   ge-
schminkt. Beide sind leicht an-
getrunken und plaudern lebhaft.

              Tom
     (geht zur Stereoanlage)
     Mach's  Dir  bequem,  ich
     sorg  für  ein  bisschen
     Musik!

              Mandy
     (setzt   sich   auf   die
     Couch, sieht sich um)
     Schön hast du's hier!

Tom  steht  in  der  Zwischenzeit
vor  dem  CD-Regal  neben  der  An-
lage,  sucht  offenbar  eine  be-
stimmte CD und - findet sie!
```

126

                    Tom
          (legt die CD ein)
          Wie gefällt Dir das?

Wir hören Barry Manilow, der
„Mandy" singt – Tom schaut die
richtige Mandy erwartungsvoll
an...

                    Mandy
          (schaut irritiert, fast
          schon ungläubig... Ist das
          jetzt sein Ernst?)
          Ich glaub's nicht... Ist
          das deine Masche, mich
          ins Bett zu kriegen, du
          spielst „Mandy"...? Sehr
          originell... Ich glaube,
          ich muss dann mal los!

Sie nimmt ihre Handtasche und
verlässt energisch den Raum,
die Tür fällt mit einem lauten
RUMMS hinter ihr zu. Offenbar
nicht der Ausgang des Abends,
den Tom sich gewünscht hätte.
Schulterzuckend und ver-
ständnislos dreht er die Musik
lauter, lässt sich auf die
Couch sinken - und genießt sein
Lieblingslied...

Der Beitrag des Stücks zur der Story erklärt sich
hier von selbst – der Song selbst ist immerhin Thema des Dialogs. Aber so weit muss man gar nicht

gehen. Vielleicht war schon immer „Yesterday" das Lieblingslied der Protagonistin, weil ihr Vater es ihr früher immer auf dem Klavier vorgespielt hat. Laut Story verliebt sie sich nun in Tom anstatt wegzurennen, weil dieser bei ihrem ersten Date die Beatles-CD einlegt und eben dieses Stück anspielt. O-kay, vielleicht wenig originell, aber Sie bekommen eine Ahnung davon, was es heißt, wenn ein bestimmtes Lied Teil der Story ist.

Dabei muss die Musik hier nicht mal zwingend im Dialog angesprochen werden. Vielleicht hatte man zu Anfang des Films Szenen, die die glückliche Kindheit der Protagonistin mit ihrem Vater am Klavier zeigen, wie sie zusammen „Yesterday" singen – und schon ist die Verknüpfung da, ohne dass sie von den Figuren bewusst angesprochen wird. Das Lied aber behält so oder so seinen festen Platz im Drehbuch.

7. Vor- und Abspann

Zum Vor- und Abspann gibt es eigentlich nicht viel zu sagen, außer vielleicht „Kümmern Sie sich nicht darum!". Wie und auf welche Art der Filmtitel, die Namen der Schauspieler, IHR Name etc. eingeblendet wird, ist (mal wieder) nicht Ihr Job – Sie sind für die Handlung zuständig und steigen daher auch direkt in die erste Szene des Films ein. Ausnahme ist natürlich – wie sollte es anders sein –

wenn es der Story dient! (Vielleicht möchten Sie sich diesen Satz bald auf ein Handtuch sticken?)

Wann aber dient ein Vorspann schon der Story? Hier gibt es mehrere Möglichkeiten:

1. Sie möchten bereits Informationen enthüllen?

Nervt es Sie als Filmfan auch, wenn Leute meinen, beim Film reden zu müssen, nur weil gerade im Film nicht geredet wird? Selten werden Bilder, obwohl es sich beim Film und beim Fernsehen um sehr visuelle Medien handelt, für so wichtig erachtet, als dass man ihnen vollste Konzentration widmen müsste. Sie können diesen Effekt leicht bei einem DVD-Abend mit Ihren Freunden beobachten, denn in der Regel wird es (ohne vorherige Zurechtweisung) drei bis vier Minuten dauern, bis auch der Letzte mit Quatschen aufhört.

Vorspanne sind daher selten geworden, wahrscheinlich eben aus diesem Grund. Gibt es allerdings einen, wird er oft genutzt, um bereits Informationen zu enthüllen und mit Hilfe von Bildern zu transportieren - meist Hintergrundwissen und Hinweise auf die Vorgeschichte der Figuren. Flashbacks, Zeitungsausschnitte, Briefe, Photos an einer Pinnwand, all dies sind typische Motive aus dem Vorspann eines Films, die wichtige Informationen liefern und bereits zur Story gehören.

Schauen Sie sich einmal die Anfänge von einigen Filmen an, was fällt Ihnen auf? Steigt der Film direkt in die Handlung ein oder gibt es einen Vorspann? Wenn es einen Vorspann gibt, was zeigt er?

Der klassische Vorspann ist selten geworden, hübsche Bilder, mit der Titelmusik unterlegt, tragen nicht zur Handlung bei und lassen den Zuschauer ungeduldig und im schlimmsten Fall gelangweilt werden. Ob Ihr Film später solch einen Vorspann bekommt, liegt in der Regel nicht in Ihrer Hand.

Haben Sie aber vielleicht eine Geschichte *vor* Ihrer Geschichte, die Sie mit ein paar wenigen Bildern erzählen wollen? Hintergrundwissen, dass Sie dem Zuschauer direkt am Anfang präsentieren möchten, und zwar auf subtile Weise? Dann ab damit ins Drehbuch!

Denken Sie nur einmal an AUF DER FLUCHT. Der Film setzt *nach* dem Mord an Dr. Kimbles Frau ein, erschlägt den Zuschauer förmlich mit Ereignissen und transportiert so das Gefühlschaos des Protagonisten. Doch gerade der Mord ist essentiell für das Verständnis des ganzen Films. Gelöst wird das Dilemma mit einem Vorspann, der die Handlung unterbricht mit Flashbacks, Photos und Fernsehreports. Ohne einen einzigen Dialog ist der Zuschauer direkt in der Handlung und informiert.

Oder Sie haben eine Vorgeschichte der Figuren (die sollten Sie ohnehin haben, aber eine, die wichtig für den Film ist) und möchten diese ebenfalls mit dem Zuschauer teilen. Zum Beispiel haben die Hauptfiguren in NUR NOCH 60 SEKUNDEN, die von Nicolas Cage und Angelina Jolie gespielt werden, haben eine gemeinsame Vorgeschichte. Der aufmerksame Zuschauer weiß das schon von Anfang an, denn im Vorspann zeigt eine langsame Kamerafahrt alte Photos von den beiden als Liebespaar und enthüllt noch mehr Details aus der Vergangenheit der Figuren.

2. Sie haben eine Rahmenhandlung?

Eine Rahmenhandlung im Film gibt oft einen guten Anlass, den Vorspann bewusst einzubauen. Eine gute Eröffnung kann darauf angelegt sein, von einem Vorspann unterbrochen zu werden, um dann den Film als Flashback weiterzuerzählen. Auch das kann durchaus bereits im Drehbuch erwähnt werden.

3. Sie haben einen Teaser?

Ein Teaser, also die actiongeladene Anfangssequenz, packt den Zuschauer direkt und unmittelbar. Er legt die Basis für das, was kommt, bietet meist das auslösende Ereignis oder liefert zumindest schon einmal eine Vorahnung der kommenden Geschehnisse. Der klassische Teaser, vor allem bei Action- und speziell Katastrophenfilmen endet mit einem Knall und hinterlässt den Zuschauer direkt am Anfang des Films mit weit aufgerissenen Augen und rasendem Puls – Zeit für eine Verschnaufpause. Ein Vorspann, der hier einsetzt, gibt dem Zuschauer Zeit, das Gesehene zu verdauen und sich auf das einzustellen, was ihn erwartet. Auch hier lässt sich ohne Probleme bereits im Drehbuch erwähnen, wann und mit welcher Länge ein Vorspann einsetzen soll.

Beispiel ARMAGEDDON: Wir sehen die Erde, eine Einblendung verrät uns „vor 65 Millionen Jahren". Ein einschlagender Asteroid, der den friedlichen und fruchtbaren Planeten in ein Trümmerfeld verwandelt, hinterlässt den Zuschauer geschockt und überwältigt von dem, was noch kommen wird. Dies ist der perfekte Moment für die Titeleinblendung „Armageddon" – ein Umstand, dem im Drehbuch bereits Rechnung getragen wird.

4. Sie mögen einfach Vorspanne?

Ich kann mir nicht helfen, ich habe einfach ein Faible für Vorspanne. Diese wenigen Minuten am Anfang des Films, die mich mit den richtigen Bildern und der passenden Musik auf den Film einstimmen und meine Vorfreude wecken, machen einen Film gleich am Anfang für mich interessant. Auch wenn diese Minuten der Story in keiner Weise dienen, finde ich es immer wieder schön, wenn ein Film einen Vorspann hat, denn so ein Film gibt sich von Anfang an Mühe, den Zuschauer in seine Welt zu locken.

Die Wolkensequenz am Anfang von UND TÄGLICH GRÜßT DAS MURMELTIER, die surreale, rasend schnelle Kamerafahrt in BATMAN zur finsteren Mu-

sik von Danny Elfman, die schließlich ein giganti-
sches Batman-Symbol enthüllt, die lange Kamerafahrt über das Bettlaken in DER ROSENKRIEG – ich
mag all diese Sequenzen und möchte sie nicht mis-
sen. Nur an eines müssen Sie denken: Im Drehbuch
zu suchen haben sie nichts!

2. DIE FIGUREN

Jetzt haben Sie sich also auch mit den formellen Anforderungen vertraut gemacht, die das Schreiben eines Drehbuchs mit sich bringt; mit den Besonderheiten, den bestimmten Eigenheiten eines Buchs, das nicht unbedingt 08/15 ist. All diese Sachen sind allerdings erst jene, die Handwerkskunst betreffend, nicht jedoch das Kunstwerk selbst. Haben wir uns erstmal sozusagen Hammer und Meißel ausgesucht und zugelegt, schauen wir uns jetzt erst den riesigen Granitblock an, den wir formen möchten.

Und noch nicht genug Bildhauermetaphern: Bereits dieser Granitblock hat eine klar erkennbare Form. Man sieht schon jetzt, was einmal daraus werden soll, denn – Sie erinnern sich – wir haben bereits ein Exposé und ein Treatment, so dass wir nicht blind losarbeiten. Welcher ist also der nächste Schritt?

Sie erschaffen mit einem Drehbuch eine eigene Welt, die Sie mit möglichst lebendigen Charakteren bevölkern, Ihren Figuren. Sie sind es, denen wir als nächstes Form geben sollten:

Wie entwickle ich meine Figuren?

Zu allererst müssen Sie überlegen, welcher Alters- und Gesellschaftsschicht Ihre Figuren angehören sollen. Und natürlich das Geschlecht... Ist mein Protagonist eine ältere Dame oder ein junger Arzt? Eine Karrierefrau Mitte dreißig oder ein Stahlarbeiter kurz vor der Rente?

Oft werden Sie schon von Ihrer Logline auf Grundsätzliches Ihrer Hauptfigur schließen können. „Ein junger Arzt kommt in seinem neuen Krankenhaus einer Verschwörung mit Organhandel auf die Spur" – da müssen sie gar nicht groß überlegen, der Protagonist ist: ein junger Arzt! Oder doch lieber eine junge Ärztin? Es wäre nicht das erste Mal, dass bei der Arbeit an einem Drehbuch noch das Geschlecht des Protagonisten wechselt.

Der jeweilige Stand oder Beruf allerdings muss gesetzt und die Grenzen vorgegeben sein, um die Story überhaupt erst entwickeln zu können. Nach Bildungsstand, Beruf und Herkunft wird sich richten, wie die Figur im Film agiert und spricht – also richtet sich quasi der ganze Film danach, denn er besteht ausschließlich aus Figuren, die handeln und sprechen.

Wir haben bereits in den Figurenskizzen unsere Figuren im Ansatz entwickelt. Eine Biographie steht schon (auch wenn jetzt noch Gelegenheit ist, sie zu überarbeiten). Sie sind sich also bisher schon mal grob im Klaren über folgende Faktoren:

Äußere Merkmale:

- Geschlecht
- Alter
- Herkunft

- Ausbildung
- Beruf
- Kleidung
- Körperliche Merkmale
  - Größe
  - Haarfarbe
  - Augenfarbe
  - Figur
  - Narben, Muttermale etc.
  - Körperliche Gebrechen

Diese äußeren Merkmale sind es, die Sie im Drehbuch in der Beschreibung mitliefern, wenn die Figur zum ersten Mal auftaucht. Immer vorausgesetzt, Sie sind tatsächlich auch von Belang. Vielleicht ist Ihnen als Autor auch völlig egal, ob die Figur nun blond oder brünett ist, blaue Augen hat oder braune. Lassen Sie es weg, die Leute vom Casting werden froh sein, nicht von vornherein eingeengt zu sein in der Wahl der Schauspieler.

Ihre Figuren haben jetzt zwar einen Hintergrund und eine Vorgeschichte, aber lebendig sind sie deshalb noch lange nicht... Ein Manko, das wir jetzt beheben werden:

Zuallererst nehmen Sie sich all Ihr Notizen und Unterlagen zu Ihren Figurenskizzen hervor (Gut, dass Sie sie aufgehoben haben, nicht wahr?). Schauen Sie alles noch einmal durch. Kümmern Sie sich um jede Figur einzeln, fangen Sie aber in jedem Fall mit der Hauptfigur an, denn um den Protagonisten herum entwickeln Sie die restlichen Figuren.

Jetzt stellt sich die Frage, inwieweit, von den äußeren Merkmalen einmal ganz abgesehen, Sie sich schon Gedanken über das soziale Umfeld Ihrer Figur gemacht haben. Ist sie verheiratet, geschieden, hat sie Kinder? Kommt sie gut mit ihrer Umwelt klar, hat sie viele Freunde? Geht sie nach Feierabend unter die Leute oder hockt sie sich alleine mit ihrer Katze vor den Fernseher? Es macht einen Unterschied für die Handlungen *und* für die Dialoge der Figur, ob sie treuer Ehepartner mit tief christlichen Werten oder ein hedonistischer vergnügungssüchtiger Faulpelz ist. Machen Sie sich auch hier eine Liste:

Soziales Umfeld

- Familienstand

- Verhältnis zur Familie

- Freunde

- Hobbys

- Werte & Religion

Jetzt wo Sie merken, wie Ihr Bild von der Figur deutlicher und greifbarer wird, gelingt es Ihnen auch bald, tief in die Psyche Ihrer Figur einzutauchen – machen Sie sich Gedanken über das Innenleben Ihrer Figur.

Seien Sie dabei schonungslos! Im wahren Leben wie im Film werden Menschen erst mit ihren Fehlern interessant und lebendig. Auch hier kann Ihnen eine Liste helfen:

Charaktereigenschaften

- Verhältnis zu Geld: Geizig oder großzügig?

- Temperament: Aufbrausend und leicht reizbar oder ruhig und entspannt?

- Eher passiv, lässt Sachen auf sich zukommen oder eher der „Macher", der die Zügel selbst in die Hand nimmt?

- Empfänglich für Süchte oder bereits deren Opfer?

- Daran angeschlossen: Verhältnis zu Alkohol, Tabak und härteren Drogen? Gibt es bereits Erfahrungen damit in der Vergangenheit? Und während der Spielzeit des Films, der Gegenwart: Ist es noch ein Problem oder wird es still geduldet?

- Phobien und Neurosen: Gibt es welche, und wenn ja: Werden Sie geheim gehalten oder offen zur Schau gestellt?

- Sexualleben: Hetero- oder homosexuell, wechselnde Sexualpartner oder treu?

- Geistige Talente und Schwächen: Ein Mathe-As, das aber sonst keinen vernünftigen Satz herausbekommt, oder ein Redekünstler, der sich die einfachsten Dinge aufschreibt, weil er sich nichts merken kann?

- Körperliche Talente und Schwächen: Fängt nicht einen Ball, ist aber ein Athlet vor dem Herrn? Oder zwar sehr geschickt, hasst aber Mannschaftssportarten?

- Und jetzt der Knackpunkt: Was ist das Bedürfnis der Figur, was ihre Motivation? Dieser Punkt ist am wichtigsten, denn mit ihm steht und fällt die ganze Story des Films. Ist die Motivation der Figur unglaubwürdig oder nicht intensiv genug, können Sie die ganze Story knicken (Wir werden später noch intensiv darauf eingehen!).

Auch hier gilt: Das sind grobe Richtlinien und Orientierungspunkte, behalten Sie immer die Story im Fokus! Warum sollten Sie auf die Religion einer Figur eingehen, wenn diese in der Story an keiner Stelle zum Tragen kommt? Oder warum sollten Sie sich aus den Fingern saugen, dass Ihre Figur Angst hat vor Spinnen, wenn im ganzen Film nicht einmal von Spinnen auch nur die Rede sein wird? Vielleicht hilft es Ihnen selbst, Zugang zu Ihrer Figur zu finden. Wenn nicht, lassen Sie es weg! Mit allem, was Sie bis jetzt haben, können Sie wunderbar arbeiten! Und je mehr Sie haben, desto besser! Geben Sie Ihren Figuren Ecken und Kanten, versuchen Sie, mit den Konventionen zu spielen oder sie zu brechen, das macht Ihre Figur zu etwas Besonderem.

Das gilt besonders für die Serie: Ein Arzt, der in seiner Freizeit Verbrecher jagt („Diagnose Mord" oder auch „Quincy"), eine ältere Dame, die neben dem Schreiben von Krimis dem selben Hobby frönt („Mord ist ihr Hobby"). Vielleicht möchten Sie auch einen Twist einbauen und Ihren Charakter erst am Schluss sein wahres Gesicht enthüllen lassen, wie in DIE ÜBLICHEN VERDÄCHTIGEN, oder aber Fähigkeiten haben lassen, die man ihren geistigen oder körperlichen Fähigkeiten gar nicht zugetraut hätte. Erinnern Sie sich z.B. an Yoda, wie er in STAR WARS: EPISODE III mit einer Schnelligkeit und Agilität einen Laserschwertkampf ausficht, die man dem kleinen Knirps im Leben nicht zugetraut hätte?

Höchstwahrscheinlich ja (falls Sie den Film gesehen haben), denn wenn Figuren sich unerwartet verhalten und man als Zuschauer merkt, dass man sie unterschätzt hat, werden Sie immer mehrdimensionaler und interessanter – schließlich ist es im Leben nicht anders! Merken Sie, wie Ihre Figuren langsam lebendig werden?

Der Held und der Schurke

Der Protagonist

Der Protagonist ist der Held des Films – so einfach kann man zusammenfassen, wie man am Anfang bestimmt, wer überhaupt der Protagonist sein soll. Das müssen Sie wissen, denn – wie gesagt – um den Protagonisten herum entwickeln Sie alle anderen Figuren. Jetzt werden Sie sagen „Ja, aber …!" und werden eine Menge Gegenbeispiele anführen, wo es auf den ersten Blick mehrere Protagonisten gibt: Buddy-Movies wie LETHAL WEAPON, Ensemblefilme wie GOSFORD PARK oder TATSÄCHLICH… LIEBE!, Katastrophenfilme wie ARMAGEDDON und POSEIDON. Zwei oder mehr Figuren, die gleichberechtigt nebeneinander agieren, wer ist da bitte der Protagonist?

Sie werden auch bei solchen Filmen den Protagonisten immer auf eine einzige Person reduzieren können. Fragen Sie sich, wer die Entscheidungen fällt, wer die Gruppe anführt, aus wessen Sicht die Geschichte erzählt wird, und vor allem: wer einen Konflikt zu bewältigen hat – und Sie werden den Protagonisten finden.

Die von Mel Gibson und Danny Glover verkörperten Charaktere in LETHAL WEAPON haben wahrscheinlich die gleiche Summe an Spielzeit und Dialogen, Sie sind insofern gleichberechtigte Partner, wie bei Buddy-Movies üblich. Und doch ist Mel Gibson derjenige, der mit seinen inneren Dämonen fertig werden muss, der den Konflikt zu bewältigen hat. Da er deshalb nichts zu verlieren hat, macht ihn das zum aktiven Teil des Teams, zur treibenden Kraft des Zweierteams – er ist der Protagonist!

TATSÄCHLICH... LIEBE!: Ein wunderschöner Ensemblefilm, der über acht einzelne Geschichten miteinander geschickt verbindet, aber allen dabei gleich viel Zeit einräumt, sich zu entwickeln. Und doch ist es Hugh Grant, der in seiner Rolle als britischer Premierminister aus dem Off den Zuschauer gleich zu Anfang in das Thema des Films einführt. Auch ist er der Einzige, der sich zunächst bewusst gegen die Liebe entscheidet - ein Konflikt, den er im Laufe des Films zu bewältigen lernt – eine gewisse Sonderstellung in diesem Ensemble, die ihn zum Protagonisten erhebt.

Wenn sich in ARMAGEDDON ein Trupp Bohrexperten ins All schießen lässt, um ein Loch in einen Asteroiden zu bohren, finden wir viele unterschiedliche und schräge Charaktere unter ihnen. Aber nur einer ist die treibende Kraft, die alles zusammenhält und das Team antreibt: Die von Bruce Willis gespielte Figur des Harry. Er ist der Protagonist – unabhängig davon, ob er überlebt!

Aber damit, in bereits existierenden Filmen den Protagonisten zu identifizieren, ist es nicht getan – Sie möchten selbst eine starke Hauptfigur entwickeln! Wie stellen Sie das am besten an?

Die Motivation

Das allerwichtigste für einen glaubwürdigen Protagonisten ist eine ausreichende Motivation. Thema eines Films sind immer Konflikte – sich ihnen zu stellen, anstatt bequem zu Hause auf der Couch liegen zu bleiben, das gibt den Stoff für einen Film. Nur Konflikte, die auch tatsächlich ausgetragen werden, ermöglichen einen Film. Nur sind eben nicht *sie* das Thema des Films, sondern die Personen, die sie austragen – und vor allem, warum sie das tun.

Oft ist die Motivation wenig originell und klischeehaft – aus ihr muss deshalb aber noch längst kein unorigineller und klischeehafter Film entstehen. Die Motivation kann ruhig ganz klassisch, aber dabei stark und glaubhaft sein! Ob der Film dann originell und spannend wird, darüber entscheiden die Handlungen der Figuren und die Dialoge.

Die Motivation der Protagonisten lässt sich kategorisieren. Da menschliche Gefühle universell sind, ist es auch ihre Motivation. Hier eine Liste, sozusagen nach „Dringlichkeit" geordnet:

1. Die Welt retten

In ARMAGEDDON und THE CORE beispielsweise ist die Motivation zwar wenig originell, dafür jedoch alles andere als schwach – es geht nämlich um nichts weniger als die Rettung der Welt! Auch

JAMES BOND ist immer aufs Neue davon motiviert. Ob Naturkatastrophen, böse Genies, Kriege, Todessterne oder Risse im Raum-Zeit-Kontinuum – steht das Schicksal der Welt auf dem Spiel, gibt es für niemanden ein Halten, gleich welcher Kultur und gleich, ob man vorher Freund oder Feind war.

Dies ist die stärkste Motivation von allen, denn geht die Welt unter, ist alles, was einem lieb und teuer ist, mit ihr futsch!

2. Sein Land retten

Nicht ganz so dramatisch wie das Ende der Welt, aber dennoch ganz weit oben auf der Liste der Motivationen, ist das Ziel des Protagonisten, sein Land zu retten und zu beschützen. Denn auch hier kann, je nach auslösendem Ereignis – alles zerstört oder ins Chaos gestürzt werden. Ob Krieg, politische Krise oder wirtschaftlicher Einfluss, auch nach der Zeit des Kalten Krieges gibt es viel zu tun. Gut thematisiert ist dies z.B. in SYRIANA oder GOOD NIGHT AND GOOD LUCK. Die meisten Agentenfilme haben solche Krisen zum Thema, ebenso Polit-Thriller – besonders jene aus der Ära des Kalten Krieges.

3. Menschenleben retten

Unser Protagonist wäre nicht der Held, wenn er nicht mit allen Mitteln versuchen würde, das Leben anderer zu retten! Ob Flugzeugentführung, Bombenanschlag, eingeschlossenene Bergleute oder eine Geiselnahme – ein unvermittelt auslösendes Ereignis und keine langsame Entwicklung ist hier der Motivationsträger.

In INSIDE MAN versucht Denzel Washington, möglichst keine Geisel zu verlieren, in THE ROCK will Nicolas Cage einen Giftgasanschlag auf San Francisco verhindern, und in DEJA VU ist es wieder Denzel Washington, der seinen Tod riskiert, bei dem Versuch, einen bereits geschehenen Bombenanschlag auf eine Fähre ungeschehen zu machen. Der Prototyp dieses Helden, allerdings (noch) in Serienform, ist natürlich Kiefer Sutherland als Jack Bauer in der Serie „24". Hier ist wunderbar zu sehen, welche Energie man aus einer Hauptfigur herausholen kann, wenn man Motive kombiniert. Mit der Absicht, seine Familie, sein Land *und* das Leben anderer zu retten, ist Jack Bauer zum Äußersten bereit – und wirkt dabei an keiner Stelle unglaubwürdig.

Dieses Motiv zwingt den Protagonisten natürlich, als „edler" Charakter aufzutreten – denn obwohl die Hauptfigur auch hier nicht zwingend sympathisch sein muss, gehört doch jede Menge Wagemut und Selbstlosigkeit dazu, sein Leben für das anderer aufs Spiel zu setzen. Die interessantesten Stories bringen hier auch oft eine Wandlung des Protagonisten mit sich. Eigentlich eher passiv veranlagt und auf Nummer sicher gehend, ist es unser Protagonist, der durch eine Krise dazu gezwungen

146

wird, aus sich heraus und über seine Grenzen zu gehen – so etwas macht die Figur gleich wesentlich interessanter!

Deshalb sollten Sie so oft wie möglich mit einer Wandlung der Hauptfigur arbeiten, wir werden darauf später noch kommen. Und nicht zu vergessen: In diesem Fall umgehen Sie typische Heldenklischees, wenn der Zuschauer Ihrem Protagonisten zunächst gar nicht zutraut, der Situation gewachsen zu sein – die Gelegenheit, nicht in ein Klischee zu verfallen, sollten Sie so oft wie möglich nutzen!

4. Die Familie retten

In NUR NOCH 60 SEKUNDEN versucht Nicolas Cages Figur, das Leben seines Bruders zu retten, in dem er für den Obergangster innerhalb einer Nacht 50 Autos stiehlt. In FIREWALL steht das Leben der ganzen Familie von Harrison Ford auf dem Spiel, wenn er für die Entführer nicht das Sicherheitssystem der Bank ausschaltet. FLIGHTPLAN lässt den Zuschauer sogar eine Zeit im Unklaren über den Geisteszustand Jodie Fosters, enthüllt dann aber durch die Entführung ihrer Tochter, dass doch eine Verschwörung stattgefunden hat und dass die Mutter daraufhin zu Recht das gesamte Flugzeug umkrempelt.

Ebenfalls eine sehr klassische Motivation – denn wer von uns könnte es dem Protagonisten nicht nachfühlen, wenn er alles riskiert, um seine

Familie zu beschützen. Ein Instinkt, der in uns allen steckt – das wissen auch die Bösewichter und nehmen das zum Anlass, die Familie des Protagonisten zu bedrohen und so mit Hilfe des nun zwangsverbündeten Familienvaters ihre eigenen Motive voranzutreiben (Beispiel FIREWALL). Indem Sie die Motivation von Protagonist und Antagonist nicht nur gegenüberstellen, sondern vielmehr kreuzen und verweben, haben Sie eine sehr schöne Möglichkeit, Ihrer Story noch mehr Substanz zu verleihen.

5. Rache & Schuldgefühle

Kein sehr edles Motiv, aber ebenfalls ein sehr starkes, ist das der Rache. Ist der Protagonist verbittert über einen Vorfall aus der Vergangenheit, sei es der Verrat durch seine Komplizen in PAYBACK oder der Mord an der eigenen Familie in LUCKY # SLEVIN oder MEMENTO, will er Rache. Auch muss es nicht nur eine einzige Person sein – in MÜNCHEN ist es der Staat Israel, der aus Rache durch seinen Geheimdienst die Drahtzieher des Olympia-Attentats 1974 aufspüren und töten lässt.

Dadurch, dass Rache bei allem Verständnis alles andere als ehrenhaft und befriedigend ist, bietet es sich oft als Motiv des Antagonisten an, wie beim Sohn des Grünen Kobolds in SPIDER-MAN, oder aber zu einer Reflexion darüber, ob Rache Sinn und Befriedigung verschafft (MÜNCHEN). Anders ist es bei Schuldgefühlen: Auch wenn es sein Job ist – der

Vermittler bei Geiselnahmen bekommt im Film erst dadurch ein starkes Motiv, wenn er z.B. in einer ähnlichen Situation bereits einmal Geiseln verloren hat, was ihn bis in seine Träume verfolgt. Bruce Willis' Figur in HOSTAGE ist so ein Fall. Oder der Kinderpsychiater Malcolm Crowe in THE SIXTH SENSE, ebenfalls von Bruce Willis verkörpert: Seine Schuldgefühle, Vincent nicht geholfen zu haben und dadurch für dessen Selbstmord verantwortlich zu sein, treiben ihn bis über den Tod hinaus dazu, Cole zu helfen und so Erlösung zu finden.

6. Sich selbst retten

Der Selbsterhaltungstrieb ist für jeden nachvollziehbar und als Motiv unumstritten. Wird der Protagonist in eine Situation gebracht, in der sein Leben auf dem Spiel steht, versucht er verständlicherweise mit allen Mitteln, sich aus ihr zu befreien.

Unabhängig davon, ob diese Situation vom Antagonisten hervorgerufen wurde, wie in PANIC ROOM oder NICHT AUFLEGEN!, oder einem Unfall oder einer Naturkatastrophe entspringt, wie in POSEIDON und THE DAY AFTER TOMORROW, der Zuschauer fiebert mit und schlägt sich uneingeschränkt (anders als beim Rachemotiv) auf die Seite des Protagonisten.

Gerät also bereits laut Logline der Protagonist in eine solche Situation, kann man sich genau wie

bei „Welt, Land und Familie retten" eines über-
zeugenden Motivs sicher sein.

7. Eine glückliche Liebesbeziehung führen

Aber es muss nicht immer um Leben und Tod gehen! Auch das alltägliche Leben bietet genug Herausforderungen und Sehnsüchte, die es zu be-
friedigen gilt. Das weiß jeder von uns, und deshalb
ist das häufigste und gängigste Motiv auch das, was
so ziemlich *jedem* Menschen auf der Welt ein-
leuchtet: Die Liebe! Ob als Nebenplot bei einem
Thriller oder Actionfilm oder als Haupthandlung
selbst – Menschen, die sich verlieben und mit dem
Geliebten zusammen sein möchten, werden Gegenstand des Plots sein, so lange es Filme gibt.

Das Motiv ist so stark, dass es Jahre über-
dauert. Und gerade Serien nutzen diesen Umstand,
um einen romantischen Handlungsbogen über
mehrere Staffeln hinzuziehen. In der Serie
„Friends" ist Ross schon in der allerersten Folge in
Rachel verliebt, und doch dauert es nach jahre-
langem Hin und Her zehn Staffeln (also zehn Jahre),
bis er sie doch endgültig in der allerletzten Folge
bekommt.

Langweilig und unoriginell? Seien Sie nicht so
unromantisch! Man fühlt mit den Figuren, und wie
auch das wahre Leben so spielt, dauert es manchmal Jahre, bis sich Sehnsüchte erfüllen. Der Zu-

schauer kann das sehr gut nachfühlen und leidet mit den Figuren.

Aber Sie haben Recht: so lange Sie für keine Soap schreiben, sollten sie sich tatsächlich um Originalität bemühen. Falls nämlich die Liebesgeschichte der Hauptplot und damit das Hauptmotiv ist, benötigen Sie ein Element, dass Ihre Story von anderen abhebt. Denn gerade *weil* Liebesgeschichten so universal und alltäglich sind, werden sie auch schnell langweilig. Aber da gibt es zum Glück unzählige Möglichkeiten: Neben der erwähnten Konstellation bei NOTTING HILL kann es auch eine Wette sein, die die Vorlage für eine originelle Liebesgeschichte liefert (z.B. in WIE WERDE ICH IHN LOS… IN 10 TAGEN) oder ein smarter Typ, der so fit in Liebesangelegenheiten ist, dass er anderen professionell auf die Sprünge hilft, bei sich selber aber total versagt (HITCH).

Die Gefahr, bei Liebesgeschichten in Klischees abzurutschen, ist leider sehr groß – seien Sie originell und kreativ. Sie werden selbst genug Filme kennen, die Opfer von Klischees geworden sind, um ein Gespür dafür zu entwickeln, was Sie vermeiden sollten. Hierbei würde ich Ihnen gerne helfen, leider gibt es dafür aber kein Patentrezept!

8. Frieden mit sich selbst finden

Dies ist ein schwieriges Motiv. Denn streng genommen ist es oft kein wirkliches Bedürfnis des

Protagonisten, sondern eine Fügung – nicht selten eine des Schicksals. Die Motivation von Bill Murrays Figur Phil Connors in UND TÄGLICH GRÜSST DAS MURMELTIER ist es, einfach nur möglichst schnell aus dem Kaff herauszukommen. Einer Fügung des Schicksals ist es zu verdanken, dass er die Stadt irgendwann als neuer Mensch wieder verlässt, der den Frieden mit sich selbst gefunden und seinen Zynismus abgelegt hat. Ebenso Nicolas Cage in FAMILY MAN, dessen einziges Bedürfnis es ist, seinen Reichtum zu genießen und zu vermehren. Auch hier ist es eine Fügung des Schicksals, die ihm Einblick in eine Welt gibt, in der er seine große Liebe Jahre zuvor geheiratet hat und in der er nun ein beschauliches Leben mit einer wunderbaren Familie führt, die ihm in seinem wahren Leben fehlt.

Doch nicht immer muss eine übernatürliche Kraft im Spiel sein. Melvin in BESSER GEHT'S NICHT, gespielt von Jack Nicholson, hat gelernt, bestens mit seinen Neurosen klarzukommen – bis die Kellnerin Carol in sein Leben tritt und in ihm den Wunsch weckt, ein besserer Mensch zu werden.

Diese sogenannten Erlösungsplots haben vor allem eins gemeinsam: Hier ist es die Wandlung des Protagonisten, die im Vordergrund steht und essentiell für die Story ist – ohne dass Sie als Motiv bereits am Anfang des Films festgestanden hätte. Hier sind es Zufälle, Fügungen des Schicksals und unvorhergesehene Geschehnisse, die das auslösende Ereignis bilden.

9. Schnell und effektiv zu (viel) Geld kommen

Auch dies ist ein Motiv, das sicher die allermeisten Menschen nachfühlen können. Die Umsetzung macht den Unterschied: Während ein gewaltsamer Raub mit Toten und Verletzten (bei gleichem Motiv) auf Unverständnis und Ablehnung stößt, bewundert man automatisch die Menschen, die einen Raub minutiös planen, ohne auch nur einmal den Gebrauch von Waffen nur zu erwägen. In diesen so genannten Heist-Movies (engl. Heist = Raub) sind jene die Protagonisten, die als Verbrecher, die sie nun einmal sind, eigentlich die Antagonisten sein müssten. Doch ihr Charme, ihre Intelligenz und letztendlich ihr Wunsch, niemanden dabei zu verletzen (also das Wohl der Menschen über ihre Habgier zu stellen), machen sie sympathisch. Klassische Vertreter dieser Spezies sind die Gangs aus OCEAN'S 11 und THE ITALIAN JOB. Keiner würde sie als die Bösen sehen, denn mit dieser Art der Umsetzung bekommt sogar ein nicht allzu edles Motiv wie Habgier einen gewissen Charme.

10. Niemanden retten, aber einfach nur seinen Job gut machen

Als alleiniges Motiv ungeeignet, höchstens als Anstoß für den Protagonisten, sich mit einer Sache überhaupt erst zu befassen. Denn nur in Verbindung mit einem persönlichen Motiv, vor allem Rache oder Schuldgefühlen (siehe dazu oben), wächst der Polizist z.B. so weit über sich hinaus, dass er nicht nur einfach seinen Job machen möchte, sondern die ganze Sache zu seiner persönlichen macht.

Oder aber es stehen Menschenleben auf dem Spiel, wenn beispielsweise der noch nicht gefasste Serienkiller droht, noch mehr Menschen zu töten.

11. „Einfach nur seinen bekackten Teppich ersetzt haben wollen ..."

Und auch das gibt es: Figuren, die passiv sind, einfach nur ihre Ruhe haben wollen und am liebsten mit alledem gar nichts zu tun hätten, in das sie da reingeraten sind. Oft Hintergrund für Komödien, gerade Verwechslungskomödien. Der Protagonist ist eigentlich rundum glücklich mit seinem Leben, sein Ziel ist hier ausnahmsweise auch nicht die Veränderung, sondern im Gegenteil – die Beibehaltung des Status Quo, der Ausgangssituation zu Beginn des Films.

Klassisches Beispiel ist der Dude in THE BIG LEBOWSKI. Alles fängt damit an, dass ihm aufgrund einer Verwechslung jemand auf seinen Lieblingsteppich pinkelt und der Dude daraufhin in eine Geschichte aus Entführung und Betrug hineingezogen wird. All dies ist ihm jedoch egal, er will einfach nur seinen „bekackten Teppich ersetzt haben".

Fazit:

Fassen wir also zusammen: Um einen möglichst authentischen und glaubwürdigen, vor allem aber auch vielschichtigen Protagonisten zu schaffen, brauchen wir neben einer möglichst umfangreichen Biographie und Charakterisierung vor allem eins: ein starkes Motiv. Dieses kann persönlicher Natur sein oder sich von außen aufdrängen, von jemand anderem hervorgerufen oder einfach eine Laune des Schicksals sein. Auch lassen sich verschiedene Motive wirksam kombinieren, wenn sie zusammengenommen umso mehr den Anlass zum Erreichen des Ziels geben.

Der Antagonist

Gleiches gilt für den Antagonisten. Noch öfter als der Protagonist ist er derjenige, der den Dingen erst den Anstoß gibt und sie in Gang bringt – deshalb müssen gute Gründe für sein (in der Regel schlechtes) Handeln vorhanden sein. Auch hier können die Motive persönlicher Natur sein, sich von außen aufdrängen, oder aber – und das bleibt dem Antagonisten vorbehalten – purer Bosheit oder Geisteskrankheit entspringen.

Die Nebenfiguren

Es gibt keinen Protagonisten ohne Figuren, die ihm zur Seite stehen und ihn unterstützen (daher im Englischen der wesentlich passendere Begriff „supporting role"). Diese Figuren erfüllen mehrere Rollen, wovon die wichtigste sicher die des „Buddies" ist, des besten Freundes oder der besten Freundin.

1. Die emotionale Offenbarung des Protagonisten:

Anders als im Roman (siehe unter „Woher kommt die Idee?" Literarische Vorlage) können Sie im Film keinen Inneren Monolog einbauen, keinen Gedankenstrom, der das Innere Ihres Protagonisten enthüllt und zeigt, wie er sich fühlt. Das können Sie im Film, wie alles andere auch, ausschließlich durch Handlung oder Dialoge transportieren. In der Regel werden Sie das durch Handlung erzielen wollen. Nehmen wir einmal an, Ihr Protagonist ist stinksauer: Wie transportieren Sie das nach außen? Lassen Sie ihn sagen „Ich bin stinksauer!"?

Nein... Stattdessen lassen Sie ihn wahrscheinlich lieber laut fluchend gegen eine Tür treten. Andersherum genauso: Erinnern Sie sich an Gene Kelly in SINGING IN THE RAIN? Anstatt zu sagen, wie glücklich die Figur sich in dem Moment fühlt, lassen die beiden Autoren Sie einen Freudentanz durch den

Regen aufführen, so dass auch der unsensibelste Zeitgenosse merkt „Okay, der ist glücklich!".

Jetzt möchten Sie aber bestimmt nicht jede einzelne Gemütsregung Ihres Protagonisten mit einer entsprechenden Handlung unterlegen, allein schon, weil es mitunter nicht zu dem wenig expressiven Charakter Ihrer Figur passt. Da gibt es zum Glück einen Trick, der Ihnen helfen kann, sich nicht über jeden einzelnen Aspekt des Innenlebens Ihrer Figur Gedanken machen zu müssen, den Sie noch nicht durch Handlungen offenbart haben: Lassen Sie Ihr Figur sprechen! Nein, nicht als Erzähler aus dem Off, und schon gar nicht in die Kamera! Gehen Sie vom normalen Leben aus, denn ein Film soll immer lebensecht wirken:

Was tun Sie, wenn Sie etwas bedrückt, wenn Sie Ängste, Sorgen und Nöte haben, wenn Sie sich über bestimmte Entscheidungen nicht ganz sicher sind? Wahrscheinlich bereden Sie alles mit Ihrem besten Freund oder Ihrer besten Freundin – und nicht anders läuft es im Film! Ihr Protagonist ist sich auf einmal nicht mehr so sicher, ob das alles so richtig ist, was er tut. Ihn beschleichen Selbstzweifel, oder er macht sich Sorgen über irgendwas? Bauen sie ein Gespräch mit seinem besten Freund ein! In den meisten Fällen noch mehr als der Partner, ist der beste Freund als größter Vertrauter der Hauptfigur sein Ansprechpartner für ihr Innerstes. Seine Funktion ist es vor allem, die Hauptfigur zu reflektieren, zu hinterfragen, und Zugang zu ihrem Innenleben zu ermöglichen.

Nun steht aber der Protagonist, nur weil er die Hauptfigur ist, nicht unantastbar über den Dingen oder ist immun gegenüber Fehlern. Im Gegenteil: Die interessantesten Protagonisten sind durchaus Charaktere mit Ecken, Kanten und Fehlern – nur brauchen sie jemanden, der sie auch darauf hinweist! Eine elegante Methode, um nun Kritik am Protagonisten anzubringen, ist auch hier wieder, seinen Vertrauten ins Spiel zu bringen. Der Protagonist ist sich beispielsweise seiner Sache komplett sicher und „zieht sein Ding durch", was auf seine Umgebung und auch auf den Zuschauer beginnt, befremdlich zu wirken. Auftritt des besten Freundes: „Was hast Du Dir dabei nur gedacht?"

Wie oft haben Sie diesen Satz schon mal im Film oder in einer Serie gehört? Der Grund ist immer der gleiche: der Vertraute wird seiner Rolle als Kontrollinstanz des Protagonisten wieder einmal gerecht.

2. Die Charakterisierung des Protagonisten

Eine andere wichtige Funktion der Nebenfiguren ist es, sowohl Protagonist als auch Antagonist zu charakterisieren. Anhand der Leute, mit denen sich die Hauptfigur umgibt, lassen sich Rückschlüsse ziehen auf deren Charakter – das gilt natürlich nur für diejenigen der Nebenfiguren, die tatsächlich zu den Vertrauten des Protagonisten bzw. Antagonisten gehören.

Ihr Charakter lässt auf den Charakter der Hauptfigur schließen: Umgibt sie sich mit gleichwertigen Personen und ist damit Teil einer gleichberechtigten Personenkonstellation, oder umgibt Sie sich mit Schwachköpfen, um die eigene Position zu heben? Besonders der böse Antagonist mit Ego-Problemen hat oft klassischerweise einen Haufen nicht allzu cleverer Schergen um sich geschart. Dies offenbart uns damit direkt ein Problem mit seinem Selbstbewusstsein, gepaart mit der Angst vor Machtverlust.

3. Die Verleihung von Lebendigkeit

Dieser Punkt betrifft ausschließlich die Nebenfiguren und hat rein gar nichts mit den Hauptfiguren zu tun, weder mit Protagonist noch Antagonist. Dafür gilt er ohne jede Ausnahme für wirklich *jede* Nebenfigur:

Die Nebenfiguren verleihen Ihrem Buch Lebendigkeit – zumindest sollten Sie das! Geben Sie sich bei Ihren Nebenfiguren genauso viel Mühe, wie mit Ihren Hauptfiguren. Das heißt das volle Programm: Figurenskizzen, Biographien, „Figurenakten" über äußere Merkmale, soziales Umfeld und Charaktereigenschaften. Sammeln Sie möglichst viel, auch wenn naturgemäß nicht alles davon auch seinen Weg in den Film finden wird. Der Grund dafür ist ein ganz einfacher: Je mehr sie sich mit Ihren Nebenfiguren auseinandergesetzt haben, desto authentischer und dreidimensionaler wirken sie. Auch hier steht das wahre Leben wieder Pate – schließlich ist man auch in der Wirklichkeit von einer Vielzahl von Menschen umgeben, die ihre Eigenheiten und Macken, Ecken und Kanten haben. Lassen Sie Ihre Nebenfiguren nicht wie leblose Abziehbilder wirken, geben Sie ihnen Leben und Form. Der Effekt auf Ihr Drehbuch wird immens sein, denn allein von Protagonist und Antagonist getragen wird Ihr Drehbuch niemanden vom Hocker reißen!

Achten Sie vor allem darauf, möglichst viele bunte und unterschiedliche Charaktere zu schaffen. Ein Drehbuch bevölkert mit lauter Figuren, die sich alle auf die ein oder andere Art ähnlich sind, langweilt schnell. Unterschiedliche Talente, unterschiedliche Vorlieben, unterschiedliche Lebensauffassungen und Arten von Humor, die regelmäßig aufeinanderprallen – das sind alles Elemente, die Ihrem Buch zusätzliche Dynamik und Spannung verleihen.

Sind Sie auch so gelangweilt von Daily Soaps wie ich? Das könnte unter Umständen an eben diesem Punkt liegen! Klischeehafte, vorhersehbare Stories? Geschenkt! Billige Kulissen und Ausstattung? Kann man sich mit arrangieren... Aber ein Haufen von Figuren, die sich alle viel zu ähnlich sind, die gleich agieren, die gleich aussehen und vor allem gleich reden – das geht nun wirklich nicht! Aufgrund des Zeitdrucks, dem die Drehbuchautoren einer Daily Soap unterliegen, ist es nicht möglich, den Figuren und vor allem den Dialogen tatsächlich

Gestalt zu geben. Die Figuren ähneln sich in der Diktion, also in der Art zu reden, zu sehr, als dass wirklich Reibungsfläche entstehen könnte – wo doch gerade dies dazu beitragen würde, die Serie interessanter zu gestalten.

Also, wenn Sie kein Drehbuch verfassen möchten, das wie eine Daily Soap wirkt, arbeiten Sie vor allem an Ihren Figuren – es sei denn natürlich, Sie möchten tatsächlich ein Drehbuch für eine Daily Soap verfassen ...

Randfiguren

Kennen Sie das riesige Simpsons-Poster, auf dem sämtliche Bewohner Springfields zu sehen sind und das alle Figuren vereint, die jemals in der Serie aufgetaucht sind? Wenn nicht, nehmen Sie sich ruhig einmal die Zeit, es bewusst anzuschauen und auf sich wirken zu lassen – auch, wenn Sie kein Simpsons-Fan sind. Was Sie hier nämlich entdecken werden, ist nichts Geringeres als die genialste Umsetzung eines Prinzips, das das Salz in der Drehbuchsuppe ist und welches die richtig guten von den nur fast guten Drehbüchern unterscheidet: die Ausarbeitung der Randfiguren.

Die allerwenigsten Figuren, die auf dem Poster zu sehen sind, hatten wohl jemals eine Dialogzeile in der Serie, und doch erinnert man sich an fast jede. Warum ist das so? Wie bereits oben erwähnt, dienen die Nebenfiguren nicht nur dazu, die Handlung voranzutreiben, sondern auch dazu, dem Drehbuch mehr Lebendigkeit einzuhauchen. Indem man sie möglichst originell gestaltet, ihnen einen eigenen Charakter gibt und sie auch mal mit den Hauptfiguren aneinandergeraten lässt, füllt sich ihre Geschichte automatisch mit Leben und mit Charakter.

Die Randfiguren nun sind *ausschließlich* dazu da! Die attraktive Brötchenverkäuferin vom Bäcker nebenan oder der unfreundliche, dicke Mann vom Kiosk beispielsweise werden nur selten ein Teil der

Story sein, wenn überhaupt jemals. Aber indem Sie auch die kleinste Randfigur mit Leben füllen, verleihen Sie Ihrem Drehbuch ein unglaubliches Maß an Charme und Aussagekraft, welches sich positiv auf jede einzelne Szene auswirken wird. Das muss allerdings noch nicht in der ersten Fassung so sein, die bekanntlich ohnehin niemals die beste ist. Wenn Sie sich aber ganz zum Schluss an die Feinarbeit und ans Rewrite setzen, haben Sie vor allem ein Auge auf die Randfiguren. Sie sind die Politur für ein ohnehin schon glänzendes Drehbuch (siehe dazu unter „Probleme" *Rewrite und Korrekturen*). Sehen Sie sich vorher ein paar Folgen der Serie „Gilmore Girls" an – ein weiteres unschlagbares Beispiel für lebendige und erfrischende Randfiguren und gelungene Charaktere.

Wie stelle ich meine Figuren vor?

Jetzt haben Sie sich Ihre Filmfiguren komplett durchdacht, vor allem den Protagonisten. Sie sind förmlich lebendig in Ihrem Kopf, sie essen mit Ihnen, gehen mit Ihnen einkaufen und schlafen, und Sie befürchten schon, Sie werden sie nie mehr los... Das ist der richtige Moment, sie tatsächlich los zu lassen – und Sie würden auch gerne, aber Sie möchten natürlich den perfekten ersten Eindruck erwecken.

Eine Figur, so gut durchdacht sie auch sein mag, muss natürlich möglichst wirksam eingeführt werden. Wirksam heißt in dem Fall glaubhaft, informativ und so, dass sie in Erinnerung bleibt. Abhängig von der Situation, in der sie das erste Mal auftaucht, geschieht das durch Handlung, durch Dialog, oder – in Ausnahmefällen – durch ihr Äußeres. Der Einzige, der keinen starken ersten Auftritt braucht, ist der Protagonist. Um ihn wird es noch oft genug gehen im Film, er kann sich mit seiner Entwicklung Zeit lassen. Doch die Neben- und Randfiguren müssen auf Anhieb sitzen. Überlegen Sie sich ein paar wirklich beeindruckende Nebenfiguren aus Filmen, und entsinnen Sie sich dann an ihren ersten Auftritt.

Soll die Figur Lässigkeit und Überlegenheit ausstrahlen? Dann gibt es fast nur einen adäquaten Auftritt: Die Naheinstellung, wie derjenige mit Sonnenbrille, aber wachem Blick langsam aus dem ankommenden Auto steigt – Tommy Lee Jones in AUF DER FLUCHT, Djimon Hounsou in DIE INSEL, um nur zwei Auftritte zu nennen, die in Erinnerung bleiben. Naja, im zweiten Fall war es ein Helikopter, aber es ist ja nicht so, dass dieser weniger Lässigkeit ausstrahlen würde als ein Auto ... Die Figur ist ein wenig schräg und verrückt? Zeigen Sie sie auf Anhieb in Aktion, wie Whoopie Goldberg bei ihrem ersten Auftritt während einer Séance in GHOST. Verführerisch und geheimnisvoll? Schauen Sie sich Kim Basingers ersten Auftritt in L.A. CONFIDENTIAL an!

Wie auch immer Sie Ihre Figuren im Laufe des Films auf den Zuschauer wirken lassen möchten, stimmen Sie bereits ihren ersten Auftritt darauf ab – der erste Eindruck ist meist der bleibende, und das gilt für den Film ganz besonders!

Wie entwickeln sich meine Figuren im Lauf des Films?

Die größte Mutprobe besteht darin, sich zu ändern – das macht den wahren Helden aus. So ist dann auch die Frage, die Sie sich bereits beim Entwickeln der Story stellen sollten, die, welche Entwicklung Ihre Figuren durchmachen werden. Der Reiz besteht immer darin, den Protagonisten eine Wandlung durchleben zu lassen. Phil Connors wird in UND TÄGLICH GRÜßT DAS MURMELTIER vom zynischen Grießgram zum herzensguten Menschenfreund, Lester Burnham in AMERICAN BEAUTY vom gefrusteten Loser zum durchtrainierten, glücklichen Familienvater, der seinen Seelenfrieden gefunden hat.

Sie merken schon, in der Regel ist es der Protagonist, dem diese Wandlung widerfährt, aber es gibt auch Ausnahmen: In AUF DER FLUCHT will Harrison Ford seine Unschuld beweisen, während Tommy Lee Jones ihm auf den Fersen ist. Dieser hat nicht den geringsten Zweifel an seiner Schuld, er glaubt an das System. Aus Respekt vor dem Gejagten geht er Spuren nach, die in eine andere Richtung und letztendlich zum Beweis der Unschuld des Gejagten führen. Dieser, als klarer Protagonist, verändert sich den Film über nicht, wohl aber der Antagonist. Die Ereignisse lassen ihn das System hinterfragen, an das er so fest geglaubt hat, und menschlicher werden.

<u>Fazit:</u>

Die Figuren sind nicht ein wesentlicher Bestandteil, sondern *der* wesentliche Bestandteil eines Films. Sind sie achtlos und ohne Mühe entworfen, nützt die originellste und spannendste Story nichts, jede Aktion und jeder Dialog wirkt dann blutleer.

Neben dem Vorantreiben der Handlung besteht die Funktion der Nebenfiguren dabei aus drei Ebenen:

1. Sie dienen den anderen Figuren, speziell dem Protagonisten, dazu, ihre Emotionen, Sorgen und Ängste mitzuteilen und diese damit dem Zuschauer zugänglich zu machen.

2. Sie charakterisieren die Hauptfiguren. Denn mit welcher Art Mensch diese sich umgeben, lässt Rückschlüsse auf ihren Charakter zu.

3. Sie verleihen dem Drehbuch eine große Lebendigkeit und Authentizität. Je origineller die Neben- und Randfiguren sind, desto frischer wirkt das ganze Drehbuch.

Alles gute Gründe, sich nicht nur mit den Hauptfiguren zu beschäftigen, sondern auch den Neben- und Randfiguren ein großes Maß an Aufmerksamkeit zu widmen.

3. DAS DREHBUCH

Die Struktur der Story

Über die Struktur einer Story ist schon viel geschrieben worden. Und so unterschiedlich die Ansätze im Einzelnen auch sein mögen, in einem Punkt sind sich alle einig: Die klassische Struktur einer Story besteht aus drei Akten – Exposition, Konflikt und Auflösung. Jetzt ist es so, dass Sie als kreativer Kopf jede Menge Möglichkeiten haben, eine Story aufzubauen, und da wird Ihnen auch niemand etwas vorschreiben wollen. Auf die Drei-Akt-Struktur allerdings werden Sie immer zurückkommen müssen. Schauen wir uns das einmal genauer an:

Exposition

1. Um wen geht es?

Ganz klar: Sie müssen Ihre Figuren vorstellen. Sie müssen dem Zuschauer zeigen, um wen es im Film gehen wird. Selbstverständlich müssen Sie noch längst nicht alle Figuren auf einmal einführen, lassen Sie sich dafür Zeit. Lediglich der Protagonist sollte in der Exposition schon einmal auftauchen, alle anderen dürfen, müssen aber nicht.

2. Um was geht es?

Natürlich muss auch das Thema des Films in der Exposition vorgestellt werden. Meistens werden Sie ein sogenanntes „auslösendes Ereignis" haben, etwas, das den Protagonisten aus seinem Alltagstrott reißt und ihn vor gewisse Hürden stellen wird. Das kann alles sein, was einen guten Anfang für die Story bietet. Angefangen von der süßen Kleinen, der unser Held im Fahrstuhl begegnet und in die er sich auf Anhieb verliebt, über ein paar Gangster, die bei unserem Protagonisten einbrechen und auf den Teppich pinkeln, bis hin zur Entdeckung eines Asteroiden, der in wenigen Wochen die Welt vernichten wird, wenn unser Held ihn nicht stoppt: Also letztendlich alles, was unserem Helden und damit der Story einen Anstoß gibt, und sei er noch so unbedeutend, eignet sich als auslösendes Ereignis.

Konflikt

Jetzt wäre es aber langweilig und den Film nicht wert, würde unserem Helden auf Anhieb alles gelingen:

Würde er zur süßen Kleinen im Fahrstuhl gehen, sagen „Hi, wie geht's denn so...?" und gleich ein Date mit ihr in der Tasche haben?

Würde der Dude zu Mr. Lebowski gehen, ihm die Angelegenheit erklären und dieser würde sagen „Entschuldigen Sie, Eure Dudeheit, war ein Missverständnis – nehmen Sie sich doch bitte einfach einen neuen Teppich vom Flur mit, ja?"?

Und würde Bruce Willis sich mit seinen Leuten in ein Space Shuttle schwingen, den Asteroiden pulverisieren und zur Erde zurückkommen mit den Worten „Keine Ursache, gern geschehen!"?

Das alles klingt nicht nur langweilig, sondern direkt absurd! Niemand würde ernsthaft daran denken, den Film so ablaufen zu lassen. Nein, ein Film braucht den *Konflikt*! Welche Hindernisse stellen sich unserem Helden in den Weg, und was ist er bereit, zu tun, um sie zu überwinden? Was ist er bereit zu opfern? Zeit und Mühe? Geld? Sein Leben?

Alles eine Frage der Motivation! Fest steht: Der Protagonist möchte irgendwas, er hat ein klar gestecktes Ziel! Manchmal sind es einfach nur widrige Umstände, die ihn daran hindern, sein Ziel direkt und ohne Umschweife zu erreichen, oft ist es aber eine Person. Deren Ziel ist in der Regel leider genau das Gegenteil von dem, was der Protagonist möchte – das ist dann der Antagonist. Auch dieser braucht eine klare und nachvollziehbare Motivation. Er wird den ganzen Film über versuchen, den Protagonisten vom Erreichen seines Ziels abzuhalten um seine eigenen Interessen zu verfolgen – der klassische Konflikt des Mittelteils!

Die Auflösung

Irgendjemand der beiden wird sein Ziel erreichen, sonst ist der Film nicht zu Ende. Gewinnt der Protagonist, ist es ein Happy End, andernfalls gewinnt der Antagonist. Das Erreichen der Auflösung markiert fast immer auch das Ende des Films. Macht ein Film dahingehend eine Ausnahme, gibt es nur zwei Möglichkeiten. Entweder, der Film verblüfft mit einem sogenannten *Twist*, einer überraschenden Wendung zum Schluss, oder aber er langweilt zu Tode. Ist nämlich die Auflösung gekommen, stellt der Zuschauer sich durch seine Sehgewohnheiten auf das Ende des Films ein – kommt es nicht, wird er ungeduldig. Also erlösen Sie ihn oder haben Sie noch etwas richtig Gutes in petto!

Kleiner Genreführer

Jeglicher Versuch, einen verbindlichen und allgemein gültigen Genrekatalog aufzustellen, ist zum Scheitern verurteilt – zu fließend die Übergänge, die Sehgewohnheiten zu sehr dem Wandel unterworfen. Und dennoch, es ist durchaus nützlich, sich eine kleine Übersicht der Genres aufzustellen – ganz grob und nur zur eigenen Orientierung:

Filme lassen sich zunächst in zwei Kategorien teilen: realistisch oder unrealistisch! Vielleicht kennen Sie das von DVD-Abenden mit Ihren Freunden – irgendjemand ist immer dabei, der sagt „Aber nichts mit Geistern oder Außerirdischen, das ist mir zu unrealistisch!" Na gut, lassen wir uns darauf ein und trennen danach, ob etwas in der Realität tatsächlich passieren könnte. Fangen wir mit dem Realistischen an:

Realistisch

- Komödie

    ➤ Slapstick   Ace Ventura
    ➤ Screwball   Down With Love
    ➤ Romantic Comedy   Hitch, Notting Hill

> Parodie   Austin Powers

- Drama

  > Familiendrama   Die Dornenvögel
  > Liebesdrama   Love Story, Titanic
  > Sozialdrama   John Q., Kaltes Land

- Krimi

  > Whodunit   Sherlock Holmes
  > Detektivfilm   Der Malteser Falke
  > Polizeifilm   French Connection
  > Gangsterfilm   Der Pate, Scarface

- Thriller

  > Actionthriller   Stirb Langsam
  > Psychothriller   Sieben, Flightplan
  > Horrorthriller   Saw, Hostel
  > Katastrophenfilm   Poseidon, Volcano
  > Abenteuerfilm   Indiana Jones

Weiter geht es mit dem Unrealistischen:

<u>Unrealistisch:</u>

- Science Fiction

    - Space Opera   Star Wars, Star Trek
    - Alien Invasion   Mars Attacks!
    - Alien Film   E.T., Alien, The Thing
    - Zeitreisefilm   Zurück in die Zukunft
    - Zukunftsfilm   Minority Report

- Horror

    - Monsterfilm   Deep Blue Sea
    - Splattermovie   Freitag der 13.
    - Zombiefilm   28 Days Later
    - Geisterfilm   Ring, The Grudge

- Fantasy

    - In eigener Welt   Herr der Ringe
    - In unserer Welt   Fluch der Karibik

Eine Möglichkeit von vielen, möglichst viele Genres sinnig einzuordnen, jedoch mit den üblichen Mankos, die sich *nie* umgehen lassen: Die Genres gehen oft ineinander über, ein Umstand, dem hier nicht Rechnung getragen werden kann. Weiterhin bleibt auch vieles unerwähnt, allein schon deshalb, weil man sich mitunter streitet, was überhaupt ein Genre ist. Oder wo würden Sie z.B. den Film Noir einordnen? Als Gangsterfilm oder als eigenes Genre?

Diese Liste kann deshalb nur als Anhaltspunkt gedacht sein und erhebt keinesfalls Ansprüche auf Vollständigkeit. Dennoch ist sie eine gute Möglichkeit, schon einmal grob die Richtung zu wissen, in die Ihr Film gehen wird, wenn Sie eine Story schon mal ungefähr im Kopf haben.

Plots und Subplots, Plot Points und die Spannungskurve

Ein paar grundsätzliche Dinge, die sich auf so gut wie jedes Drehbuch übertragen lassen:

Der *Plot* ist immer das, was die Basis für Ihre Story liefert, der Handlungsstrang. Wenn Sie einen Plot entwickeln, haben Sie bereits Punkte im Kopf, die an bestimmten Stellen die Story in eine andere Richtung lenken. Das sind die Punkte, an denen der Protagonist meist die Wahl hat (oder passenderweise vor die Wahl gestellt wird) und eine bestimmte Richtung einschlagen kann. Diese so genannten *Plot Points* treten mindestens zweimal in einem Drehbuch auf, können aber auch wesentlich öfter eingebaut sein. Der erste Plot Point liegt meist am Ende des ersten Drittels und markiert die Stelle nach dem auslösenden Ereignis, die den Protagonisten vor ein (scheinbar unlösbares) Problem stellt. Im Laufe des Hauptteils bewältigt er den Konflikt, hat aber noch ein letztes Hindernis zu überwinden, bevor mit der Auflösung der Film endet. Dieser zweite Plot Point markiert meist das Ende des zweiten Drittel des Films und legt die Basis für den Endteil.

Würde man die Spannung, die mit jedem einzelnen Plot Point noch weiter angehoben wird, nachzeichnen, käme ein Diagramm heraus, welches zunächst langsam ansteigt, seinen Höhepunkt im letzten Drittel erreicht und dann rapide fällt – die so genannte *Spannungskurve*.

Die Szene

Die wichtigste Frage, die man sich stets als Autor stellen muss: Gehört die Szene überhaupt ins Drehbuch oder ist sie überflüssig? Das lässt sich am besten an einer Grundregel festmachen – bringt die Szene die Story voran? Der Zuschauer muss etwas Neues erfahren, sonst langweilt er sich. Das kann entweder etwas Neues über den Ablauf der Geschichte sein oder über die Charaktere. Bei beiden gilt: Die Information muss notwendig sein, wenn der Zuschauer die Geschichte auch ohne diese Information versteht, ist sie nutzlos und überflüssig. Also weg damit.

Kritisch sind dabei Informationen, die ausschließlich Aussagen über den Charakter geben, sie langweilen schnell. Alles, was auf Charakterisierung abzielt, kann und sollte man lieber durch die Handlung erzählen, oder sich der Nebenfiguren bedienen (siehe unter *Die Figuren Die Nebenfiguren*).

Wenn die Szene dennoch bleiben soll, heißt es, sich über ihren Aufbau, über ihre Dramaturgie Gedanken zu machen. Das gilt vor allem für jene Szenen, die nicht Teil einer Übergangs- oder Montagesequenz sind und eine tatsächliche dramatische Bedeutung haben. Fragen muss man sich:

1. Wessen Szene ist es?

Jetzt könnte man meinen, die Frage zielt darauf ab, welche Figur den Großteil der Dialoge hat oder am meisten im Bild ist… Ganz im Gegenteil: eine Szene „gehört" dann einer Figur, wenn *sie* es ist, die etwas erreichen will und nach etwas strebt. Diese Figur muss dabei nichtmal zu sehen sein oder überhaupt Dialog haben. Die Perspektive kann die eines gänzlich Unbeteiligten sein, oder die eines „allwissenden Erzählers". Wenn klar ist, wessen Szene es ist, ist auch klar, welches (Teil-) Ziel hier von ihm angestrebt wird. Das betrifft die zweite Frage:

2. Was will diese Figur erreichen?

Einen Brief einwerfen oder einen Asteroiden aus der Bahn werfen? Die Geliebte davon überzeugen, ihren Mann zu verlassen oder am Tatort den entscheidenden Hinweis auf den Mörder finden? Die Dramaturgie der Szene wird bestimmt durch ein gesetztes Ziel einer beliebigen Figur. Und wenn es nur eine Randfigur ist, die auch nur dieses eine Mal zu sehen ist – es ist *ihre* Szene. Wichtig ist dabei wieder einmal die Motivation: Warum ist es so wichtig für die Figur, dieses Ziel zu erreichen? Wäre es nicht einfacher gewesen, lieber zu Hause auf der Couch sitzen zu bleiben? Das gilt für das über allem stehende Endziel des Protagonisten genauso wie für viele kleine Teilziele auf den Weg dorthin. Viele

Beispiele erklären sich dabei selbst. Der Kommissar sucht am Tatort nach Beweisstücken, weil es nun mal sein Beruf ist. Auch das Ziel, die Welt zu retten, besitzt ganz automatisch eine ziemlich gute Motivation, und die Befriedigung emotionaler Bedürfnisse ebenfalls. Bei alltäglichen Sachen muss die Motivation allerdings deutlich gemacht werden. Ein Beispiel:

Der Protagonist muss einen Brief einwerfen. Bis hierhin noch nicht spektakulär. Also was ist das für ein Brief? Ein wichtiger Geschäftsbrief, der pünktlich bis um sechs eingeworfen sein muss, sonst platzt ein Millionen-Deal? Oder die Examensarbeit des Jurastudenten, die um halb sechs immer noch nicht fertig ausgedruckt ist, aber bereits in einer halben Stunde in der Post sein und davor noch zum Binden gegeben werden muss, sonst waren fünf Jahre Studium umsonst? *Das* ist doch eine Motivation!

Das Ziel markiert damit gleichzeitig, wann die Szene zu Ende gehen sollte – nämlich dann, wenn dieses Ziel erreicht wurde (oder eben nicht). Nicht eher, das lässt den Zuschauer unbefriedigt, aber eben auch nicht später, denn dann beginnt er sich zu langweilen. Die Szene endet also genau dann, wenn unser Student den Umschlag dem freundlichen Postbeamten übergeben hat, oder aber vor verschlossenen Türen steht und die ganze Sache gelaufen ist – und zwar unwiderruflich.

3. Welche Hindernisse stellen sich der Figur in den Weg?

Bleiben wir bei dem Beispiel:
Unser Student, nennen wir ihn Michi, schnappt sich den großen Umschlag, geht aus der Wohnungstür und wirft ihn in den Briefkasten. Das reißt sicherlich keinen vom Hocker. Eine gewisse Grundspannung ist aber gegeben, denn die Motivation haben wir zuvor geklärt – der Zuschauer weiß, was auf dem Spiel steht, und wird (zu recht) nicht davon ausgehen, dass alles glatt läuft. Und tatsächlich, Michi rennt zum Briefkasten, freut sich, dass doch alles klappt, und dann … ist dort eine Baustelle, der Briefkasten ist fort! Also zur Post, nur macht die gleich zu, und zu Fuß ist es viel zu weit… also schnell ein Taxi, aber erstmal eins bekommen… und dann erwischt unser armer Michi auch noch den langsamsten Taxifahrer der Stadt, jetzt stockt zu allem Überfluss auch noch der Verkehr … Michi schwitzt Blut und Wasser, und der Zuschauer am besten mit ihm! Jetzt reicht es Michi: Keine Zeit mehr! Ohne dem Taxifahrer sein Geld zu geben, hechtet er aus dem Taxi, schnappt sich mit dem Umschlag unterm Arm das Fahrrad eines armen Passanten und hetzt zur Post, fährt dabei fast ein paar Leute um, wird selbst fast vom Auto überfahren und erreicht endlich das Postgebäude… Er schmeißt das Fahrrad hin, rennt zum Eingang, der Postbeamte will gerade schließen, zeigt sich aber gnädig. Mit den Worten „Sie haben Glück, ich wollte gerade zumachen…" nimmt er den Um-

schlag entgegen und stempelt ab, Michi hat's noch mal geschafft …

Und genau hier, wir erinnern uns, muss unsere Szene enden. Michi kann – zu Recht – gerne sagen „Puh, geschafft, jetzt hab ich mir erstmal ein schönes kühles Bier verdient" und danach mit seinen Jungs in die Kneipe gehen. Aber das ist eine andere Geschichte, oder in dem Fall Szene. Sie sollten es allerdings nicht übertreiben: Die Gefahr für den Autoren ist groß, aus Spannungsgründen alles schief gehen zu lassen, was nur schief gehen kann, aber das wirkt dann schnell überladen, unrealistisch und verärgert im schlimmsten Fall den Zuschauer.

Saßen sie nicht auch schon mal im Kino und dachten entnervt „Na toll, war ja sooo klar, dass das jetzt auch noch schief geht!" Seien Sie originell, lassen Sie Ihre Figuren auch mal in Fallen und Missgeschicke tappen, die nicht jeder Zuschauer voraussieht. Oder aber greifen Sie nach originellen Lösungen. Wie klingt das zum Beispiel:

```
HAUPTSTRASSE        AUSSEN/TAG
Eine  belebte  Geschäftsstraße,
Rush Hour. Die Autos schleppen
sich   in   Blechlawinen   mit
Schrittgeschwindigkeit   voran,
unter  ihnen  MICHIS  Taxi.  Es
wird  langsamer,  hält  schließ-
lich  an. Der  TAXIFAHRER  bleibt
ganz  ruhig,  eine  alltägliche
Situation  für  ihn  -  Michis
```

Nerven jedoch liegen natürlich
blank:

MICHI:
Mensch, geht das denn nicht
schneller? Ich muss um sechs
bei der Post sein!

TAXIFAHRER:
Das könn'se vergessen. Um die
Zeit ist hier immer so viel
los, da sind sie zu Fuß schneller! Vor halb sieben wird das
nix.

MICHI:
So viel Zeit hab ich nicht...!

Ohne zu bezahlen, reißt Michi
die Tür auf, will sich an den
Autos vorbeidrängeln, kommt
nicht durch. Er springt einem
Auto auf die Motorhaube, dann
aufs Dach und springt zum
nächsten. Über die Autos hinweg
kommt er schneller vorwärts und
erreicht das Ende der Straße.
Passanten und Autofahrer schau-
en ihn staunend und verärgert
an, manche beschimpfen ihn.

Und so weiter und so fort, das Ganze am besten
noch in New York. Wenn Sie dabei jetzt noch nicht
eingeschlafen sind, werden Sie denken „Das hat man

doch schon tausendmal gesehen.", und Sie haben Recht! Es geht doch auch origineller – rufen Sie sich immer den Unterschied zwischen der Freude am Wiedererkennen und dem Klischee ins Gedächtnis.

4. Was tut diese Person, um ihr Ziel zu erreichen?

Wir haben es eben gesehen: Je nachdem ob die betreffende Figur eher aktiv oder passiv ist, eher mutig oder ängstlich, wird sie ziemlich weit gehen, ihr Ziel zu erreichen. Diese Aktionen müssen natürlich immer im Verhältnis zum Konflikt stehen und ihm immer angemessen sein. In unserem Fall heißt das, dass Michi zwar den Taxifahrer nicht bezahlt, ein Fahrrad klaut (naja, oder „leiht") und in Kauf nimmt, Passanten anzurempeln, aber niemals Menschen töten oder ein Gebäude in die Luft sprengen würde. Stünde sein Leben oder das seiner Familie auf dem Spiel, sähe die Sache schon wieder ganz anders aus.

Das gilt in gleichem Maße nicht nur für den Protagonisten, sondern für den Antagonisten sowie sämtliche Rand- und Nebenfiguren. Ausnahmen sind natürlich – wie immer – storybedingt und bezeichnen gleichzeitig die Charaktere der betreffenden Person. Ob bei einem Bankraub zum Beispiel der Bankräuber den Überfall mit einer ungeladenen Waffe durchführt, weil er niemanden verletzen will, oder gleich zu Beginn den Wachmann erschießt, um ein Exempel zu statuieren, zielt auf die Charakterisierung der betreffenden Figur ab. Und da unser Michi kein Psychopath ist (das würde unser Genre auch auf Krimi oder Thriller festlegen [siehe *Kleiner Genreführer*]), wird er nicht buchstäblich über Leichen gehen, um sein Ziel zu erreichen. Diesen Rahmen legen Sie bereits vorher fest, wenn Sie sich zum ersten Mal Gedanken über ihre Figur machen (Ihre Filmfigur) und festlegen, welchen Charakter sie hat und welche Eigenschaften sie ausmachen (siehe dazu *Die Figuren*).

Reizvoll kann es sein, einen ursprünglich sehr passiven Charakter in eine Situation zu bringen, die ihm gar keine andere Wahl lässt, als zu agieren und nicht nur zu *re*agieren. Wie erinnern uns, schließlich ist die innere Wandlung, die der Protagonist im Laufe des Films durchläuft, das, was den Film zu einer runden Sache macht. Sie ist am Ende, der Auflösung, in sich rund und schließt den Kreis.

2. Aufbau

Eine Szene ist in sich wie ein kleiner Film. Deshalb folgt ihr Aufbau – Sie ahnen es bereits – auch dem Aufbau eines Films. Auch wenn eine Szene grob immer aus diesen drei Teilen (Exposition, Konflikt und Auflösung) bestehen wird, muss dieses Muster keineswegs streng eingehalten werden. So ist es zum Beispiel gut möglich, die Exposition, in der alles für die Szene Notwendige erklärt und eingeführt wird, vorauszuschicken und erst später wieder aufzugreifen. Andersherum stellt es überhaupt kein Problem dar, die Auflösung nachzureichen, manchmal sogar erst nach Ende des Abspanns, sozusagen als kleines „Bonbon" für diejenigen, die bis jetzt sitzen geblieben sind – warum nicht? Lassen Sie sich da bloß nicht zu sehr einengen – aber wie immer müssen Sie die Gesetze kennen, um sie zu brechen.

Teil 1 – Die Exposition

Die Exposition legt direkt fest, wessen Szene das sein wird. Das kann, wie gesagt, der Protagonist, eine Nebenfigur oder sogar eine ganz neue Randfigur sein. Ebenso legt sie fest, welches Ziel erreicht werden soll. Zusammenfassend erfährt der Zuschauer also, um was und wen es geht, nichts mehr. Wie immer heißt es deshalb, Passagen ohne Informationen und solche, die den Zuschauer nicht weiter bringen, zu streichen. Gehen Sie so spät wie möglich in die Szene rein. Gerade die Exposition bietet am ehesten Möglichkeiten, zu kürzen (siehe dazu *Plot, Figur oder Struktur – woran liegts?*).

Teil 2 – Der Konflikt

Jetzt geht's zur Sache! Denn wie gesagt: Wenn es keinen Konflikt gibt und die Figur, um die es geht, ihr Ziel ohne Umschweife erreicht, wird nichts als Langeweile erzeugt. Stellen Sie sich einmal folgenden Szeneausschnitt vor: Ein Bankräuber wurde geschnappt, und jetzt kommt der Kommissar in den Verhörraum, um Informationen aus ihm herauszupressen.

```
VERHÖRRAUM              INNEN/NACHT

        BANKRÄUBER:
Vergessen Sie's, ich verpfeife
niemanden!

        KOMMISSAR:
Ich weiß, dass Du nicht hinter
der ganzen Sache steckst! Ich
mach Dir ein faires Angebot: Du
sagst mir, wer der Kopf der
Bande ist, und ich leg für Dich
ein gutes Wort beim Richter
ein.

        BANKRÄUBER:
Na gut, okay, Michi war's.
```

Selbst in den paar Zeilen wird einiges klar: Es geht in der Szene um den Kommissar. Sein Ziel ist es, Informationen von dem Bankräuber zu bekommen, seine Motivation ergibt sich aus seinem Beruf. Deutlich wird jedoch vor allem eins: Es ist mehr als unspannend, wenn das Ziel direkt und ohne Hindernisse erreicht wird. Film lebt vom Konflikt, und dieser macht dann auch den Hauptteil der Spielzeit aus, im Film genau wie in der Szene. Alle Hindernisse, die sich dem Protagonisten einer Szene in dieser entgegenstellen, die „antagonistischen Kräfte" also, müssen bereits vorher oder aber schnell erklärt sein, oder eben aus sich selbst heraus logisch sein.

Der Grund ist, dass eine Szene naturgemäß sehr kurz ist im Vergleich zum ganzen Film, Sie haben also keine Ewigkeit Zeit, neue Hindernisse und Kräfte einzuführen, es sei denn, es wird sehr schnell klar, woher sie kommen und mit welcher Motivation, bzw. sie erklären sich von selbst. Ein Beispiel dafür sind Unfälle und Naturereignisse aller Art, diese brauchen keine Motivation – sie passieren einfach. Genauso Gefühlszustände: Die Nervosität, die einem Teenager das Date mit seiner Angebeteten vermurkst, bedarf keiner Erklärung, jeder kann so etwas nachfühlen.

Anders sieht es da schon mit einem Mann aus, der plötzlich eine geladene Waffe vor dem Protagonisten zieht. Er sollte eine gute Erklärung haben, was er da auf einmal zu suchen hat. Das heißt, dass die Erklärung entweder schon im Laufe des Films gegeben wurde oder aber schleunigst nachgereicht werden muss.

Ist das nicht möglich, ist dieser Mann hier als antagonistische Kraft fehl am Patz und sollte gestrichen und durch jemanden mit mehr Plausibilität ersetzt werden. Ausnahme ist wie immer, dass das plötzliche Auftauchen des Mannes zur Story gehört. Aber auch dann wird die Erklärung natürlich nachgereicht.

Teil 3 – Die Auflösung

Der letzte „Mini-Akt" der Szene beantwortet natürlich vor allem die Frage, ob das Ziel, das in der Exposition vorgestellt wurde, erreicht wird. Der Kampf wurde im vorigen Teil ausgefochten, aber erst jetzt wird er entschieden. Und nicht vergessen: wenn ein Film schon kein Happy End haben muss, muss es eine Szene erst recht nicht. Machen Sie es Ihren Figuren, vor allem der Hauptfigur, nie zu leicht. Und schon in der nächsten Szene sind alle Karten neu gemischt, und das Spiel beginnt von neuem.

Die Sequenz

Eine Sequenz ist eine Aneinanderreihung von Szenen, die auf irgendeine Art und Weise miteinander verbunden sind. Das kann räumlich sein: Wenn man z.B. von einer Hochzeitssequenz spricht, meint man damit alle Szenen, die auf der Hochzeit im Film spielen – wie z.B. die berühmte lange Eingangssequenz bei DER PATE. Das kann aber auch ein Motiv sein, ein Traum zum Beispiel. Man würde von einer Traumsequenz sprechen, wenn eine Reihe von Szenen (gleich, wo Sie spielen) allesamt Teile desselben Traums sind und somit eine Sequenz ergeben.

Anders als eine Szene folgt eine Sequenz keinen festen Vorgaben von Länge und Struktur. Sie haben also freie Wahl die Form betreffend. In der Natur der Sache liegt jedoch eine gewisse Länge, da eine Sequenz immer aus mehreren Szenen besteht. Diese können einzeln betrachtet immer noch abgeändert oder gar herausgenommen werden, ohne der Struktur des Drehbuchs zu schaden. Ganze Sequenzen jedoch sollten Sie mit Samthandschuhen anfassen. Sie bilden buchstäblich das Gerüst des Drehbuchs, und es gibt keinerlei Garantie dafür, dass wenn Sie an irgendeiner Stelle einen Teil des Gerüstes entfernen, Ihr komplettes Drehbuch nicht wie ein Kartenhaus in sich zusammenfällt.

Der Dialog

Dialoge sind die Teile beim Film, die, wenn sie gelungen sind, noch länger als die Bilder in den Köpfen der Zuschauer fortleben. Im besten Fall ist es so, dass sie teilweise sogar in den Sprachgebrauch übergehen.

Hasta la Vista, Baby! Dies ist der Beginn einer wunderbaren Freundschaft..., Houston... wir haben ein Problem! Schwester, können Sie mir einen Blasen... und Nierentee bringen? Oh Mann, ich bin zu alt für diese Scheiße! Yippie-Yah-Jey, Schweinebacke! Sarah Connor? Heute ist ein schöner Tag zum Sterben!

Diese Liste ließe sich ewig fortsetzen... Seit es den Tonfilm gibt, haben Dialoge einen gewissen Eindruck auf die Zuschauer gemacht. Denken Sie nur an die Zitatensammlung aus CASABLANCA, die Goethe neidisch machen könnte! Also, was ich damit sagen möchte ist:

Geben Sie sich Mühe!

Im Ernst, wie die Bilder im fertigen Film wirken und wie gut die Schnitte sind, ob die Schauspieler überzeugen oder die Effekte lahm sind, auf das alles haben Sie als Autor keinen Einfluss – auf die Dialoge schon. Sie sind quasi Ihre Visitenkarte, und wenn irgendwann auch einmal etwas von Ihnen in der Liste oben stehen soll, sollten Sie auch hier mit System herangehen:

Zunächst einmal: Vergessen Sie die Dialoge, wie sie in der wirklichen Welt gesprochen werden – sie sind spontan, unzusammenhängend, unartikuliert und damit alles andere, nur nicht schriftreif! Wie also einen Dialog schreiben, der so *wirkt*, als wäre er aus dem wahren Leben?

Der Schlüssel dazu liegt in Ihren Figuren. Sie haben Ihnen bereits Leben eingehaucht, jetzt lassen Sie sie sprechen. Sie wissen alles über ihre Herkunft, ihren Bildungs- und Berufsstand und über ihr soziales Umfeld. Danach richtet sich als allererstes, auf welche Art und Weise Ihre Personen sprechen, man nennt das „Diktion". Wie bereits erwähnt, achten Sie darauf, die Diktion Ihrer Figuren möglichst zu variieren, das gibt Ihnen Gelegenheit, etwas über Ihre Figur zu erzählen, ohne den direkten Weg wählen zu müssen.

Abgesehen davon, dass ein Dialog unbewusst Aussagen über den Sprechenden trifft, sind vor allem zwei Dinge von Bedeutung:

Ein Dialog gibt

1. Informationen
und
2. offenbart Emotionen.

Wie für die Szene gilt auch für den Dialog: Erfüllt er nichts von alledem, kann er ersatzlos gestrichen werden. Bleibt er jedoch bestehen, kann er durchaus ein wenig aufgehübscht werden: Verwenden Sie ruhig das ein oder andere Stilmittel, um Ihren Dialog ein wenig aufzupeppen oder ihm sogar ein bisschen mehr Klasse zu verleihen.

Die Auflösung

Ganz zum Ende kommt das, worauf Ihre Figuren die ganze Zeit hingearbeitet haben: Die Auflösung, der Schluss. Hier hat Ihr Film eine letzte Gelegenheit, alles noch mal herumzureißen – das kann positiv sein, aber auch negativ. Sie kennen das selbst – wie begeistert wären Sie nach dem Kinobesuch eines bestimmten Films gewesen, wenn nur das Ende nicht so verhunzt wäre. Oder umgekehrt: Der Film war soweit ganz okay, kein Reißer, aber dieses Ende... umwerfend! Sie merken also aus eigener Erfahrung, dass der Film mit dem Schluss steht und fällt!

Jetzt liegt es ganz an Ihnen, wie Sie Ihren Schluss gestalten:

Sie haben schon immer Happy Ends gehasst? Gut, lassen Sie Ihren Film bitter enden, warum nicht? Nur tun Sie mir den Gefallen und machen trotzdem eine runde Sache daraus – auch ein „Bitter End" muss plausibel sein und darf nicht konstruiert wirken. Gerade in Deutschland hat es schon viel zu viele Film gegeben, die in dem Streben, sich möglichst stark vom Hollywood-Kommerz zu distanzieren, ein allzu bemühtes und konstruiertes „Bitter End" hervorgebracht haben.

Aber vielleicht mögen Sie Happy Ends, dann lassen Sie es gut ausgehen! Aber auch hier: Bitte keine göttliche Fügung oder irre Zufälle, alles muss plausibel sein!

Oder aber Sie variieren ein wenig: Sie haben zwar ein Happy End, aber um welchen Preis? In ARMAGEDDON steht am Ende zwar eine gerettete Welt, aber ebenso ein toter Protagonist – wesentlich origineller als das eine oder das andere Extrem!

Vielleicht möchten sie aber auch mit dem Ende wirklich originell sein und überraschen. Ich bin ein großer Fan davon, wenn man den Film eigentlich schon als beendet wähnt und auf einmal ergibt sich doch noch eine Wendung, ein Twist, der dem Film ein ganz neues Gesicht gibt. DIE ÜBLICHEN VERDÄCHTIGEN und THE SIXTH SENSE, aber auch MEMENTO und ZWIELICHT sind nur einige Beispiele für Filme, bei denen dies rundum gelungen ist.

4. PROBLEME

Plot, Figur oder Struktur – woran liegt es?

Kontraste

Haben Sie genug Kontraste in Ihrem Buch? Darunter fällt z.B. die Fallhöhe der Figuren, also das, was der Protagonist zu verlieren hat. Verpasst er nur einen Zug oder ist er, wenn alles schief läuft, ein Geächteter, der mit seinem bisherigen Leben abschließen kann? Weiterhin sind es gegensätzliche Orte, sozialer Status, aber auch Kontraste innerhalb einer Szene. Kotraste verstärken die Wirkung auf den Zuschauer und betonen Situationen.

Spannung & Entspannung

Eine der wichtigsten Ansprüche an ein Drehbuch ist, dass es Spannung erzeugen muss. Das ist vom Genre unabhängig und keineswegs nur auf Krimis und Thriller begrenzt, denn der Zuschauer will sich nie langweilen. Sie wird erzeugt durch *Erwartung* und kann sich des Stilmittels der *Enthüllung* und der *Andeutung* bedienen.

Wenn der Zuschauer weiß, dass der Mörder sich im Schrank versteckt, die spärlich bekleidete Blondine jedoch vollkommen ahnungslos ins Schlafzimmer tapst, erhöht das die Spannung ungemein. Wichtig ist, dass die Ereignisse nicht plötzlich auftreten, sondern angekündigt werden. Das kann auch in einer kleinen Andeutung, visuell oder verbal, geschehen und lässt sich steigern, indem das Ereignis zeitlich definiert wird (In NUR NOCH 60 SEKUNDEN hat der Protagonist beispielsweise eine Deadline, um seinen Bruder zu retten).

Ein wichtiger Faktor dabei ist die Unsicherheit darüber, was passieren wird. Wenn der Zuschauer den Ausgang einer Situation zwar erwartet, aber dennoch nicht kennt, erzeugt dies Spannung – allerdings nur, wenn er sich für das Schicksal der Figuren interessiert (siehe *Identifikation*). Unterschieden wird zwischen *objektiver* und *subjektiver* Spannung. Die objektive Spannung ist von den Personen unabhängig und wird durch Situationen erzeugt, die immer auf dieselbe Art und Weise riskant oder bedrohlich sind. Das heißt natürlich gleichzeitig, dass sie relativ einfach zu erzeugen ist, da keine Identifikation mit der Figur stattfinden muss. Ein Flugzeug, das von der Stewardess gelandet werden muss, weil die Piloten ohnmächtig sind, wird immer spannend sein, genauso eine tickende Bombe im Einkaufszentrum – anders sieht es bei folgender Situation aus:

> Ein Pärchen geht essen, ein schöner Sommertag, sie sitzen draußen, eine Wespe fliegt umher und landet auf dem Tisch.

Bisher noch relativ unspektakulär. Wenn der Zuschauer aber weiß, dass der Mann so allergisch auf einen Wespenstich reagieren würde, dass er binnen weniger Minuten tot wäre, wenn er nicht sofort das Gegengift bekommt, entsteht Spannung:

Der Zuschauer bangt mit dem Mann, natürlich nur unter der Vorraussetzung, er identifiziert sich mit ihm. Gleichzeitig lässt sich hier sehr schön beobachten, wie sowohl mit einer Enthüllung, als auch mit einer Andeutung gearbeitet wird:

Zunächst würde der Autor in einer Andeutung an einer früheren Stelle des Drehbuchs einbauen, dass der Mann absolut tödlich auf einen Wespenstich reagieren würde - vielleicht mit Hilfe eines Flashbacks oder in einer beiläufigen Erwähnung an ganz anderer Stelle, vielleicht vergisst der Mann auch irgendwann vorher fast sein Gegengift und ist froh, doch noch daran gedacht zu haben. Der Zuschauer ahnt dann bereits, dass eine Szene mit einer Wespe irgendwann später folgen wird. Dies geschieht dann auch tatsächlich, und zwar clevererweise mit einer Enthüllung, denn das der Zuschauer die Wespe zwar kommen sieht, das Pärchen aber noch nichts ahnt, erhöht die Spannung ungemein. Vor allem dann, wenn es nicht weiß, ob der Mann diesmal auch an das Gegengift gedacht hat …

Ob es bei der spannenden Situation um Leben oder Tod geht oder nur um einen nervösen Teenager beim ersten Date, ob es sich um einen Thriller oder um eine Liebeskomödie handelt, ist dabei vollkommen unerheblich – die Gesetze, mit denen Spannung erzeugt wird, sind immer gleich.

Dazu zählt auch, dass die Spannung – Sie ahnen es bereits – eine Auflösung finden muss, die Entspannung. In unserem Beispiel wäre das vielleicht folgendermaßen:

Das Pärchen sitzt immer noch am Tisch, vollkommen ins Gespräch versunken und bemerkt die Wespe nicht. Diese fliegt umher, dreht plötzlich in Richtung Mann, kommt immer näher, die Spannung ist auf dem Höhepunkt und PATSCH ...! Der Kellner hat die Wespe mit der Zeitung erwischt, die Gefahr ist gebannt, die gefährliche Situation aufgelöst. Das Pärchen hat von alledem vielleicht nichtmal etwas mitbekommen, der Zuschauer bleibt dann ironischerweise der einzige, dem die Gefährlichkeit der Situation bewusst ist, während die Figur des Mannes nichts davon ahnt, haarscharf dem Tode entronnen zu sein. Vielleicht auch nicht, die Wespe erwischt den Mann, dieser stirbt, weil er sein Gegengift vergessen hat. Es muss nicht immer alles gut ausgehen, wichtig ist nur, dass auch hier die Spannung am Ende der Szene aufgelöst wird.

Das hat zweierlei Gründe: Zum einen hinterlässt es den Zuschauer natürlich unbefriedigt, wenn die spannungserzeugende Situation nicht aufgelöst wird, zum anderen entfaltet die Spannung nur in Kombination mit der Entspannung ihre volle Wirkung – stellen Sie sich einmal vor, Sie würden einen Film schauen, der 90 Minuten am Stück eine Dauerspannung aufrecht erhält. Sie würden sich sicher schnell langweilen, da ein guter Film immer vom Wechselspiel der Emotionen lebt.

Rewrite und Korrekturen

So, Sie haben eine halbe Ewigkeit an Ihrem Drehbuch geschrieben, haben sich einen Plot ausgedacht, eine Struktur und Figuren entwickelt. Sie haben getüftelt und gebastelt, Szenen rausgenommen, neue eingebaut, an den Dialogen gefeilt usw. und endlich ist es fertig, Ihr Drehbuch!

Aber irgendwie werden Sie das Gefühl nicht los, dass das Ganze noch keine runde Sache ist – und dieses Gefühl täuscht Sie nicht! Höchstwahrscheinlich, nein, sogar ziemlich sicher, wird Ihr Drehbuch eben noch keine runde Sache sein. Und wenn Sie das Gefühl haben, dass es das doch ist, sind Sie entweder ein Genie, oder zu unkritisch mit sich selbst. Haben Sie keine Scheu vor Selbstkritik. Die erste Fassung eines Drehbuchs ist *nie* die beste! Das ist bei allen Drehbüchern so, auch bei den absoluten Profis.

Für ein Kinodrehbuch gelten fünf bis sechs Fassungen als Minimum, beim Fernsehen zumindest drei bis vier. Die Korrekturen nach dem Ende des eigentlichen Schreibens und das „Rewrite" sind nicht zu vermeiden und eigentlich nichts anderes als (nach den Vorbereitungen und dem Schreiben) die dritte Phase des Schreibprozesses. Also keine Panik, alles ganz normal … Wichtig ist jetzt, vor allem nicht planlos zu sein und sich auf die Fehlerquellen zu konzentrieren.

Nachdem Sie die erste Fassung fertig haben, brauchen Sie vor allem eins: Abstand. Fahren Sie in den Urlaub, spielen Sie Golf, machen einen Spaziergang, gönnen Sie sich etwas Entspannung. Beschäftigen Sie sich mit allem Möglichen, was Ihnen Spaß macht, aber denken Sie bloß nicht an Ihr Drehbuch. Lassen Sie es in der Schublade, fassen Sie es bloß nicht an.

Einige Zeit später, Sie haben mittlerweile Abstand gewonnen, kramen Sie Ihr Drehbuch wieder hervor und lesen es ganz in Ruhe. Manche Sachen werden Ihnen sofort auffallen: Die Korrektur der ersten und der zweiten Fassung betrifft gewöhnlich Figur, Genrefragen und die Struktur, erst danach kommt die Feinarbeit der einzelnen Szenen (siehe *Die Szene*). Meist hat sich hier das Streichen von Dialogzeilen als bester Weg bewährt, um zu dichten Dialogen zu kommen – lassen Sie Ihrer Kreativität freien Lauf und schreiben und streichen Sie drauflos! Oder aber denken Sie so lange nach, bis der Dialog in Ihrem Kopf schriftreif ist und schreiben ihn dann erst nieder – das bleibt Ihnen und Ihrer Arbeitsmethode überlassen!

Aber auch nach drei bis fünf Rewrites wird Ihr Buch noch immer nicht seine endgültige Form haben, denn der Einfluss von Dritten an einer Neufassung und Umarbeitung ist unumgänglich: Produzent (aus Kostengründen) oder Regisseur (aus kreativen Gründen), manchmal auch die Schauspieler oder Techniker, sie alle werden mit ziemlicher Sicherheit an Ihrem Drehbuch noch hier und da etwas ändern wollen – und das ist auch gar nicht schlimm. In der Regel verstehen die Leute etwas von ihrem Job und können wirklich positiv auf Ihr Buch einwirken, und wenn nicht – egal, der Scheck ist unterwegs!

5. BESONDERHEITEN

Schreiben für das Fernsehen

Der Bedarf an Manuskripten fürs Fernsehen ist in den letzten 15 Jahren um ein Vielfaches gestiegen, und eine gegenläufige Tendenz ist nicht in Sicht. Dank des Umbruchs durch das Digitalfernsehen wird es im Gegenteil auch in absehbarer Zeit noch viel mehr Bedarf an guten Ideen geben, denn immer mehr neue Sender werden auf der Suche nach guten Autoren sein.

Anders als in Filmbranche sind die Verantwortlichkeiten beim Fernsehen sehr viel mehr verteilt. Bei beiden sind es vor allem die Produzenten, die das Sagen haben über Zensur, Werbepausen und das Format selbst. Beim Fernsehen teilen sich darüber hinaus eine Vielzahl von kreativen Köpfen die Verantwortung. Im Einzelnen sind das der Produzent (der Besitzer der Produktionsfirma), der Producer (der vom Produzenten eingestellte Spezialist für ein bestimmtes Projekt), der Redakteur (inhaltliche Verantwortung für den Sender und Auftraggeber), der Regisseur und der Herstellungsleiter (dessen Aufgabe es ist, die Finanzierbarkeit im Auge zu behalten). Da man zu Recht sagt, dass zu viele Köche den Brei verderben, beschränkt sich der Kontakt des TV-Autors mit den Verantwortlichen meist auf Producer und Redakteur. Diese sind dem Autor am nächsten, während die anderen meist erst später im

Entstehungsprozess der Serie oder des TV-Film involviert sind.

In den letzten Jahren ist in der Fernsehlandschaft eine Tendenz zur Spezialisierung zu beobachten. Nicht mehr ein Autor zeigt sich für ein Projekt verantwortlich, sondern mehrere Autoren betreuen jeweils verschiedene Phasen der Stoffentwicklung. Produktionsfirmen beschäftigen mittlerweile nicht selten ganze Autorenteams, bestehend aus 6 bis 7 Headwritern, Storylinern und Dialogautoren, Experten für Exposés oder Treatments – eine recht gute Chance, über diesen Weg ans Schreiben zu kommen, da eine Festeinstellung oder freie Mitarbeit bei einer Produktionsfirma einen optimalen Weg darstellt, sich Fachwissen anzueignen.

Die Fernsehserie

Zunächst einmal ist es natürlich wichtig, bei der Vielfalt an Fernsehformaten eine Definition von Serie zu entwickeln. Man grenzt deshalb Mini-Serie und Mehrteiler (begrenzte Episodenanzahl) von der klassischen Serie ab, die als Endlos-Konzept ausgelegt ist. Ebenso Daily Soaps, diese sind als eigenes Genre zu betrachten und keine Fernsehserien im eigentlichen Sinne.

Die Serienlandschaft in Deutschland war traditionell, vor allem in den 1980ern, immer amerikanisch geprägt, doch Mitte der 1990er begangen amerikanische Serien immer mehr zugunsten heimischer Formate in den Hintergrund zu treten. Gute Action und Serienunterhaltung konnte plötzlich auch aus Deutschland kommen – wer hätte das noch wenige Jahre zuvor gedacht? Abgesehen von den Dauerbrennern unter den Soaps wie „Verbotene Liebe", „Marienhof" und „Gute Zeiten, Schlechte Zeiten" waren es vor allem Action- und Krimi-Serien, die der deutschen Serie wieder ein Gesicht verliehen. Neben „Alarm für Cobra 11" zählen dazu „Kommisar Rex", „Edel & Starck" und „Wolffs Revier" auf Sat 1 und „Doppelter Einsatz" sowie „Im Namen des Gesetzes" auf RTL. Keimeswegs eine vollständige Liste, aber ein guter Einblick in das Ausmaß der Kreativität, die vor allem die Privatsender in den Jahren von Mitte der 1990er bis Mitte der 2000er an den Tag legten.

Doch der deutsche Serienboom verebbte sehr schnell. Seit Anfang der 2000er verdrängt die amerikanische Serie erneut immer mehr ihre deutsche Konkurrenz, und das ist vor allem einer Serie zuzuschreiben: „C.S.I.". Dem Hollywoodproduzenten Jerry Bruckheimer gelang es im Jahre 2000, den Sender CBS zu überzeugen, ein für damalige Zeiten immenses und fürs Fernsehen nie gekanntes Budget in eine neues Serienprojekt zu stecken. Dieses sollte es von der Qualität her in jeder Hinsicht mit einer Kinoproduktion aufnehmen können. Ein sehr wagemutiger Schritt, der jedoch durch und durch von Erfolg gekrönt wurde. „C.S.I." läuft seit der Season 2000/2001 unverändert erfolgreich in den USA wie weltweit, zog zwei Ableger nach sich (so genannte Spin-Offs) und – was vielleicht am wichtigsten ist – ermutigte zahllose andere amerikanische Sender, ebenfalls deutlich in die Qualität ihrer Serien zu investieren. Dies bezieht sich keinesfalls nur auf die Technik und die optische Umsetzung, in dem Fall wäre dieser Umstand wohl kaum für Sie als angehenden Autor interessant. „Qualität" bedeutet immer mehr vor allem eine deutliche Zunahme an interessanten und originellen Geschichten und Drehbüchern. Eine Serie, die eher stiefmütterlich behandelt wird und lieblos abgedreht wird, wird kaum gute und talentierte Autoren anlocken können. Das Beispiel der amerikanischen Serie zeigt, dass die Verantwortlichen nicht nur immer mehr bereit sind, Geld in ihre Projekte zu stecken, sondern auch dem Zuschauer immer mehr zutrauen, was die Komplexität der Storys betrifft.

Die amerikanische Serie ist seit jeher systematischer angelegt als die deutsche. Eine Staffel einer Serie, in den USA als „Season" bezeichnet, lief schon seit der Frühzeit des Fernsehens jeweils vom Herbst bis zum Frühjahr, um dann in die Sommerpause zu gehen und dann, entsprechende Zuschauerzahlen vorausgesetzt, in eine nächste Season zu starten. Das ist auch noch heute so, aber vieles hat sich dennoch geändert: Bis weit in die 1980er hinein (wir kennen das noch alle aus den typischen Serien dieser Zeit, wie „Ein Colt für alle Fälle" oder „Knight Rider") war es gar nicht schlimm, mal ein oder zwei Folgen zu verpassen, denn die Serie war einfach aufgebaut: Ausschließlich ein einzelner Handlungsstrang war Thema einer Folge und wurde auch jeweils an deren Ende abgeschlossen. Verpasste man eine Folge, konnte man nahtlos wieder ansetzen, denn nichts aus der verpassten Folge hatte in der Regel Auswirkungen auf die nächste. Parallele Handlungsstränge oder gar staffelüberspannende Handlungsbögen waren undenkbar, man traute auch dem Zuschauer nicht zu, solchen Plots folgen zu können.

Doch die Sehgewohnheiten der Zuschauer änderten sich, die Sender wurden mutiger. Ab Ende der 1980er begangen Serien, allen voran „Star Trek – Das Nächste Jahrhundert", in einer Folge eine Haupt- mit einer Nebenhandlung zu kombinieren. Diese Entwicklung war der Anstoß für eine Entwicklung, die bis heute anhält und deren Ende auch noch nicht abzusehen ist: Eine intelligente und verschachtelte Erzählstruktur, die sich nicht nur über mehrere Folgen, sondern sogar über mehrere Staffeln zieht, wird nicht nur mittlerweile vom Zuschauer akzeptiert, sondern erhöht offenbar den Reiz einer Serie mittlerweile immens. Schon „Akte X" stellte damals lieber Fragen, als Antworten zu geben und entwickelte über mehrere Staffeln hinweg Handlungsstränge, die teilweise erst im Kinofilm aufgelöst wurden. Heute sind es Serien wie „Lost", „Desperate Housewives" und „Dr. House", oder im Mystery-Bereich „4400" und ganz neu „Heroes", die sich sehr intensiv der Storyentwicklung widmen und sich oft über eine ganze Staffel Zeit

nehmen, Geschichten zu erzählen, Rätsel aufzu-
lösen und Antworten zu geben. Der Erfolg gibt
diesen Serien recht – ein Meisterstück, wenn man
bedenkt, dass der Zuschauer, einmal von der Story
gefangen, tatsächlich fast jede Folge schauen muss,
um auf dem Laufenden zu bleiben

Wie früher setzt sich deshalb die Überzeugung
durch, dass amerikanische TV-Serien den Deutschen um Lichtjahre voraus sind, deshalb ist es sehr
hilfreich, einmal intensiv über den Tellerrand
(sprich den großen Teich) zu schauen. Bleibt nur zu
hoffen, dass fade und lieblose Serienadaptionen aus
deutschen Landen bald der Vergangenheit angehören, und ein risikofreudiges und mutiges
Klima auch bei deutschen Sendern den Weg ebnet
für eine Renaissance der deutschen Serie. Auf den
einen Aspekt, den eingangs dargestellten Umstand,
dass Qualität auch immer eine Frage des Budgets
ist, haben Sie keinen Einfluss – wohl aber auf die
Originalität der Geschichten!

Böse Zungen behaupten, neue Serienideen sei-
en nie originell und alle schon einmal da gewesen.
Ich denke, dass gerade die amerikanische Serie der
letzten Jahre uns eines besseren belehren sollte.

Dennoch sind die Chancen bei einer etablierten
Serie in der Tat wesentlich größer, als wenn Sie auf
gut Glück ein komplett neues Serienkonzept un-
gefragt zu den Sendern schicken. Das Beste, was sie
machen können, ist es, das Fernsehprogramm zu
studieren, regelmäßig fernzusehen und den Abspann beachten: Hat eine Serie immer den gleichen

Autor oder wechselnde Namen? Bei letzterem stehen Ihre Chancen ungleich besser, hier wechselt das Autorenteam regelmäßig und bietet so auch Neueinsteigern mögliche Chancen. Wagen Sie also ruhig einmal den Schritt und befassen Sie sich intensiv mit einer solchen Serie: Lernen Sie die Figuren kennen, prägen Sie sich die Struktur ein, nach der die Folgen aufgebaut sind, und – am allerwichtigsten – werden Sie sich über das Thema der Serie im Klaren! Ist es eine „Daily-Struggle-Serie", in denen die Protagonisten jede Folge aufs Neue mit den Herausforderungen des Alltags konfrontiert sind, steht jede Folge ein Mord auf dem Programm, der immer wieder nach dem *whodunit*-Prinzip aufgelöst wird, oder geht es immer wieder um einen neuen Patienten, der eine geheimnisvolle Krankheit hat, die erst diagnostiziert werden muss? Eine Serie, so sehr sie auch Subplots und Nebenhandlungen einbaut, wird dennoch in der Regel in jeder Folge ein ähnliches Schema haben. Dieses Schema müssen Sie perfekt anwenden können, wenn Sie erfolgreich an der Serie mitschreiben möchten.

Wollen Sie dennoch den Schritt wagen, ein neues Format zu entwickeln, müssen Sie – Sie ahnen es bereits – originell sein! Ihr neues Konzept muss auf Anhieb faszinieren, aus der Masse herausstechen und starke Hauptfiguren bieten. Mehr noch als beim Film, denn der ist zur Not in zwei Stunden vorbei, muss eine Serie einen oder auch mehrere starke Protagonisten haben, die das ganze Konzept im besten Fall über Jahre zusammenhalten. Oft ist dies auch die Hauptfigur, um die sich die Serie dreht und Ihr auch oft den Namen gibt. „Dr. House", „Monk" oder auch die „Gilmore Girls" sind solche Serien, die um den oder die Protagonisten herum entwickelt werden, gleichzeitig aber – und das ist essentiell! – die Nebenfiguren keineswegs vernachlässigen (siehe *Die Figuren*).

In den USA wie auch hier gehen neue Serien in der Regel den Weg über einen Pilotfilm. In diesem werden die Figuren vorgestellt, das Konzept der Serie dargelegt und die Struktur vorgegeben. Oft ist es ein auslösendes Ereignis, welches den Hintergrund für die ganze Serie liefert (z.B. der Flugzeugabsturz bei „Lost"), dies wird in der Regel Plot des Pilotfilms sein. Mit Ihrem Konzept für den Pilotfilm also steht und fällt Ihre ganze Serie, mit einem Treatment für einen solchen Serieneinstieg geben Sie Ihrer Serie quasi ihr Gesicht – deshalb muss das Treatment sitzen und Ihrer Serienidee gerecht werden.

Für eine bestehende wie auch für eine komplett neue Serie gilt folgendes: Derjenige, der für die Serie verantwortlich ist und auf dessen Schreibtisch Ihr Treatment oder sogar bereits fertiges Drehbuch landen sollte, ist immer der Produzent. Schauen Sie, bei welcher Produktionsfirma die Serie Ihrer Wahl produziert wird, überlegen Sie, zu welcher Produktionsfirma Ihr neues Konzept passen würde, anhand dessen, welche Serienformate bereits von den einzelnen Produktionsfirmen realisiert wurden. Sie haben eine tolle und originelle Idee für eine Romantic Comedy-Serie? Schicken Sie sie lieber nicht zu einer Produktionsfirma, die sich bisher mit historischen Fernsehfilmen einen Namen gemacht hat – und umgekehrt gilt natürlich dasselbe. Treffen Sie also bereits vorab eine Auswahl.

TV-Movies

Etwas unkonventioneller als der Weg über eine Serie, aber auf jeden Fall einen Versuch wert, ist die Bemühung, über das Schreiben eines Drehbuches für einen Fernsehfilm zum Fernsehen zu kommen. Noch mehr als bei einer Fernsehserie ist es hier vor allem das Exposé, welches quasi der Verkaufsprospekt für Ihren Film ist. Deshalb kann es auch ruhig ausführlicher sein, also ca. 10 – 15 Seiten.

Der erste Schritt wäre, Ihr Exposé einem Produzenten zu schicken, der so etwas in der Art schon einmal realisiert hat. Sparen Sie sich ein Copyright-Vermerk, denn „schutzfähige Ideen" können prinzipiell eingeklagt werden und ein „© by ..." macht auf Anhieb keinen guten Eindruck.

Auch wenn es schwierig ist, den Einstieg in eine Serie zu finden oder einen Produzenten für Ihr Drehbuch zu einem TV-Film zu begeistern, ist es doch immer einen Versuch wert. Das Schlimmste, was Ihnen passieren kann, ist eine Ablehnung, und die Erfahrung hat wohl schon jeder mittlerweile erfolgreiche Autor mehr als einmal durchgemacht. Scheuen Sie sich nicht, im Falle einer Ablehnung freundlich nachzufragen, woran es gelegen hat.

Vielleicht lag es ja gar nicht an Ihrem Drehbuch, sondern die Kapazitäten für ein solches Format sind einfach gerade nicht gegeben, oder man hat vielleicht ein ähnliches Konzept bereits in der Schublade. Alles gute Gründe, Ihr Drehbuch abzulehnen, aber längst kein Hinweis darauf, dass dieses von mangelnder Qualität ist.

FAZIT

Und, juckt es Ihnen schon in den Fingern? Ich hoffe, Sie sind nicht abgeschreckt oder sehen sich mit zerstörten Vorstellungen von der Arbeit eines Autors konfrontiert – das Gegenteil sollte der Fall sein! Sie wissen jetzt, wie Sie an Ihr Buch herangehen können, welche Freiheiten Sie haben (und das sind einige!) und wie Sie Ihrer ganzen Arbeit Struktur geben. Haben Sie Ihre Grenzen gesteckt, können Sie nach Herzenslust schalten und walten und Ihrer Kreativität freien Lauf lassen. Sie werden sehen, anstatt sich eingeengt zu fühlen wird Ihnen die Arbeit viel leichter von der Hand gehen und Sie werden viel kreativer sein, wenn essentielle Fragen der Form und der Herangehensweise von vornherein geklärt sind!

Alles, was Sie brauchen, ist eine Idee! Diese muss originell sein, Sie muss interessant sein und sie muss in sich stimmig sein – das ist schon die halbe Miete! Also wenn Sie eine solche Idee haben … - nur los, an den Schreibtisch mit Ihnen! Sie wissen ja jetzt, wie Sie es angehen müssen. Die Arbeit wird Ihnen Spaß machen, Sie werden sehen, wie Ihr Projekt, Ihr „Baby", mit der Zeit reift und zu einer runden Sache wird. Egal, wieviel Zeit Sie brauchen, Ihr Drehbuch fertigzustellen, fassen Sie sich ein Herz und schicken Sie es an jemanden, der etwas damit anfangen kann. Vielleicht ernten Sie nur ein paar gute Ratschläge, vielleicht eine Option (das heißt, *sollte* es mal dazu kommen, eine Verfilmung in Erwägung zu ziehen, hätte die jeweilige Firma Anspruch darauf – und ja, auch dafür gibt es bereits Geld!) oder Sie landen vielleicht sogar den großen Treffer und Ihr Buch wird verfilmt! Und wenn nicht, das Schlimmste, was Ihnen passieren kann, ist eine Ablehnung. Und wenn schon, dann versuchen Sie es beim Nächsten. Es wäre nicht das erste Mal, dass ein Drehbuch jahrelang weitergereicht wird, bis irgendwann einmal jemand darauf anspringt und vielleicht sogar einen Hit damit landet.

So oder so, Ihre Arbeit war nicht umsonst! Mit jeder Zeile, die Sie schreiben, gewinnen Sie an Stil, an Originalität und Sicherheit. Und selbst, wenn Ihr erstes Drehbuch noch Murks sein sollte – Ihr nächstes wird garantiert besser!

ANHANG

Glossar

Andeutung

Sie erwähnen zu Anfang des Films scheinbar nebenbei einen Umstand oder einen Gegenstand. Der aufmerksame Zuschauer wird wissen: „Aha! Das taucht später bestimmt noch mal auf!". Und tatsächlich – wäre dieses kleine Detail komplett ohne Belang für die Story, würde es im Drehbuch gar nicht erst auftauchen.

Das klassische Beispiel sind sämtliche James Bond-Filme: Zu Anfang stellt Q James Bond kurz seine neuesten Gadgets vor, ein Auto als Unterseeboot, eine Uhr mit Sprengsatz, einen Ring, der Panzerglas zerspringen lässt, etc. Nun ist es ja nicht so, dass all diese Details ohne Grund Erwähnung finden, nein, mit ziemlicher Sicherheit wird James Bond im Laufe des Films in eine Situation kommen, in der er genau diese Gadgets verwenden kann, um sein Leben oder das der anderen zu retten.

Antagonist

Eine der beiden Hauptfiguren eines Films. Als Gegenpol zum Protagonisten ist er der Bösewicht, der der mit allen Mitteln versucht, seine eigenen bösen und selbstsüchtigen Ziele zu erreichen. Oft ist er erst derjenige, der mit einer auslösenden Handlung die Story vorantreibt und den Protagonisten zu einer Handlung zwingt. Ein typischer Antagonist ist z. B. der Serienkiller, der dem Polizisten entgegenarbeitet.

Auflösung

Das Ende eines jeden Film besteht aus der Auflösung. Entweder der Protagonist („Happy End") oder der Antagonist („Bitter End") hat sein Ziel erreicht, die Spannungskurve ist wieder auf Null angelangt und jede weitere Szene nach dem Ausklang würde den Zuschauer nur verärgern. Die Auflösung ist immer das, worauf den gesamten Film durch hingearbeitet wird.

Auslösendes Ereignis

Der Anfang eines jeden Films. Irgendein Ereignis tritt ein, welches die Figuren aus ihrem Alltagstrott herausholt und zur Handlung zwingt. Ob das der böse Plan des Antagonisten ist, eine Naturkatastrophe oder einfach nur die Ehefrau, die dem Protagonisten sagt, sie liebe ihn nicht mehr – nach dem auslösenden Ereignis ist für den Protagonisten (zunächst) nichts mehr wie vorher, und die Handlung wird in Gang gebracht.

Daily Soap

Spezielle Form der Fernsehserie. Der Begriff stammt aus der Zeit noch vor dem Fernsehen in den 1920ern, als im Radio tägliche Hörspiele, die meist von Hausfrauen gehört wurden, in der Regel von Haushaltswarenherstellern (für gewöhnlich Seifenhersteller) gesponsert wurden. Später wurde der Begriff dann aufs Fernsehen übertragen und bezeichnet bis heute Serien, die täglich gesendet werden und immer Storys um Intrigen, Emotionen und Skandale beinhalten.

Im Unterschied zur Telenovela haben Soaps keinen klaren Protagonisten und arbeiten vor allem nicht auf ein Ereignis als Ende hin, sondern sind vom Konzept endlos angelegt.

Dialog

Das fertige Drehbuch wird vor allem aus Dialogen bestehen, also alles, was tatsächlich im Film gesprochen wird und zu hören ist. Da bis auf wenige Ausnahmen Informationen im Film nicht anders transportiert werden können, dient der Dialog im Film nie nur der puren Kommunikation, sondern bringt entweder die Story voran oder charakterisiert die Figuren.

Dialoge im Film wirken zwar im Idealfall lebensecht, sind es jedoch realistisch gesehen nie. Der normale Sprechrhythmus eines Dialogs würde in einem Film unbeholfen und unausgereift wirken, der Dialog im Film jedoch wirkt mit der entsprechenden Diktion realitätsnah.

Enthüllung

Man hat es schon geahnt, aber jetzt ist man sich sicher … Wenn einem als Zuschauer bei einem Film dieses Gefühl beschleicht, handelt es sich um eine Enthüllung. Details, die vorher nur angedeutet wurden, werden jetzt ausgeführt oder auch komplett neu auf den Tisch gebracht. Eine Enthüllung markiert in der Regel gleichzeitig einen Plot Point, in dem die Story in eine neue Richtung gelenkt wird. Sie kann sich aber auch auf Details beschränken und muss nicht zwingend relevant für die Story sein.

Exposé

Wenn Sie die Story grob entwickelt haben und Sie sie kurz zusammenfassen möchten, schreiben Sie ein Exposé. Dieses fasst in Prosa auf nicht mehr als einer Seite die Handlung zusammen. Ideal als Arbeitshilfe für Sie in der frühen Entwicklungsphase, ist ein Exposé auch ein gutes Mittel, Produzenten oder Redakteure von Ihrer Idee begeistern zu können, ohne dass diese sich gleich durch ein ganzes Drehbuch durcharbeiten müssten.

Fallhöhe

Die Fallhöhe im Film bezieht sich immer auf die Hauptfiguren und sagt im Endeffekt nur eins aus: Was haben diese zu verlieren? Egal, ob Protagonist oder Antagonist – je mehr die Figur zu verlieren hat, je tiefer sie fallen kann, desto stärker ist ihre Motivation. Es muss viel auf dem Spiel stehen, um den Hauptfiguren eine glaubwürdige Motivation zu geben, von der Couch runterzukommen und sich den Fallstricken der Story zu stellen. Ob ein Ruf, ein großer Geldbetrag oder sogar das eigene Leben auf dem Spiel steht - je größer die Fallhöhe, desto glaubwürdiger sind Ihre Hauptfiguren.

Figuren

Die Figuren sind das Wichtigste in Ihrem Drehbuch. Durch sie füllen Sie Ihr Buch erst mit Leben und Authentizität, denn ohne originelle und ansprechende Figuren kein Film! Man unterscheidet dabei zwischen Hauptfiguren, also Protagonist und Antagonist, Nebenfiguren, wie z.B. der beste Freund des Protagonisten und Nebenfiguren, die dem Buch einfach mehr Lebendigkeit verleihen, jedoch nichts zur Story beitragen.

Genre

Schon bevor Sie die erste Zeile Ihres Drehbuchs zu Papier bringen, muss Ihnen klar sein, welches Genre Sie bedienen möchten. Danach wird sich Ihr ganzer Stil und in der Regel auch die ganze Story richten. Derselbe Plot wird ganz anders umgesetzt, wenn es sich beispielsweise um eine Love-Story oder um einen Thriller handelt, also legen Sie sich von vornherein fest!

Logline

Die Logline ist - zusammengefasst in einem Satz - , das worum es in einem Film geht. Da solch ein Satz meist am Anfang eines Drehbuchs steht, ist die Logline in der Regel der erste Schritt, eine Idee zu entwickeln. Sie bildet so die Basis, nach der sich der ganze weitere Arbeitsprozess richten wird. In der Logline gibt es auch oft bereits Hinweise auf Genre und Setting.

Mehrteiler

Nicht etwa HARRY POTTER I bis VII, sondern ein für das Fernsehen konzipierter Film, der der von vornherein auf mehrere Teile ausgelegt ist. Umfangreicher als ein klassischer Film, aber im Gegensatz zur Fernsehserie nicht auf mehrere Jahre ausgelegt, besteht ein Mehrteiler in der Regel aus nicht mehr als vier bis sechs Teilen, die auch alle zeitnah ausgestrahlt werden.

Montage

Eine Montage ist ein Zusammenschnitt aus vielen kleinen einzelnen Szenen, die (z.B. begleitet von derselben Musik) eine sinnvolle Einheit bilden, aber keine Dialoge enthalten. Ihr Zweck ist es, umfangreichere Entwicklungen in der Story knapp zu zeigen, aber nicht näher darauf einzugehen. Wenn beispielsweise viel Zeit ins Land streicht, oder sich Elemente wiederholen, wird oft auf Montagen zurückgegriffen.
Montagen sind selten die eleganteste Methode, da sie schnell klischeehaft wirken, und daher möglichst zu vermeiden.

Motivation

Ganz wichtig für das Voranbringen der Story ist die Motivation der Figuren. Je nachdem, was auf dem Spiel steht, wie groß ihre Fallhöhe ist, werden Ihre Figuren bereit sein, durch die Hölle zu gehen. Ob sie dabei glaubwürdig wirken, ist eine Frage der Motivation der Figuren.

Unterscheiden muss man dabei zwischen einer Motivation, die sich aus sich selbst erklärt (Men-

schenleben retten, die Welt retten, etc.) und einer
Motivation, die erst noch einer Erklärung bedarf
(Rache, innerer Frieden, etc.).

Outline

Die Outline geht noch einen Schritt weiter als das
Exposé und konzentriert sich dabei mehr auf Figuren und Setting. Als Selbstkontrolle für den Autor
ist diese Form bestens geeignet, in Form von Skizzen und stichwortartig frühzeitig strukturelle Probleme zu erkennen. Diese können in diesem Arbeitsschritt noch relativ einfach behoben werden.

Parallelschnitt

Der Parallelschnitt bezeichnet eine filmische Methode, die ausnahmsweise ihren Platz im Drehbuch
hat, da sie für die Story von Belang ist. Szenen, die
eigentlich eigenständig sind, werden im Parallelschnitt immer abwechselnd quasi nebeneinander in
den Film integriert, was vor allem einen besonderen
Reiz ausmacht, wenn die Szenen von der Stimmung
und von der Aussage her sehr gegensätzlich sind.
Ein Parallelschnitt suggeriert zusätzlich immer die
Gleichzeitigkeit verschiedener Handlungen und
wird daher auch gerne narrativ eingesetzt.

Plot

Das, worum es im Film geht. Ein wenig ausführlicher als die Logline, aber noch nicht ins Detail gehend wie das Exposé ist der Plot die Story bzw. der Handlungsstrang Ihres Drehbuchs. Der Plot konzentriert sich nicht auf die Figuren oder das Setting, sondern sagt im Endeffekt, was im Film passiert.

Plot Point

Analog zum Plot im Sinne von „Handlung" ist ein Plot Point ein Ereignis, was eben diese in eine andere Richtung lenkt. Traditionell markiert ein Plot Point den Beginn des zweiten Aktes und somit des Hauptteils, ein zweiter Plot Point im letzten Drittel läutet den dritten Akt mit der Auflösung ein. Plot Points können jedoch vom Autor beliebig gesetzt werden und auch durchaus häufiger vorkommen als zweimal.

Protagonist

Der Held des Films. Der Protagonist muss nicht konsequent sympathisch sein und darf durchaus seine Ecken und Kanten haben, dennoch ist er derjenige, um den es im Film geht. Der Protagonist schmiedet Pläne, er stellt sich Hindernissen in den Weg und hat ein Ziel, das er erreichen möchte. Der

Zuschauer identifiziert sich grundsätzlich eher mit dem Protagonisten als mit irgendeiner anderen Figur und fiebert mit ihm.

Rahmenhandlung

Betten Sie die Handlung Ihres Films in eine Handlung ein, die chronologisch in der jüngsten Vergangenheit liegt bzw. in der Gegenwart, während der Rest der Handlung in der Vergangenheit spielt, spricht man von einer Rahmenhandlung.

Eher ein Stilmittel als von narrativer Bedeutung, ist die Rahmenhandlung von Bedeutung, wenn der Autor Fäden in ihr zusammenführen möchte oder eine subjektive Sicht der Hauptfigur auf vergangene Ereignisse transportieren möchte,

Season

Mit Season bezeichnet man die jährliche Laufzeit einer amerikanischen Serie. Die Abgrenzung zum deutschen Wort „Staffel" macht Sinn, da in Deutschland Serien willkürlich und ohne festen Zeitplan produziert werden, während eine Season jeweils von Herbst bis Frühjahr geht und in der Spielzeit der Serie entsprechend ein Jahr veranschlagt.

Sequenz

Eine Sequenz bezeichnet im Film einen Abschnitt von aufeinander folgenden Szenen, die durch einen gemeinsamen Sinn oder eine gemeinsame Handlungsfolge zusammengehalten werden. Eine Sequenz ist immer getragen von einer bestimmten Idee und bildet sozusagen das Rückgrat für Ihr Drehbuch. Als die nächstkleinere Einheit im Verhältnis zum gesamten Drehbuch ist die Sequenz der wichtigste Teil. Eine Sequenz hat deshalb immer die gleiche Struktur, nämlich dieselbe wie auch der Film selbst. Eine Exposition, einen Mittelteil und einen Schluss.

Serie

Eine Serie ist im Gegensatz zu einem Film sehr an formelle Vorlagen gebunden: Die Länge einer einzelnen Folge ist in der Regel auf 45 Minuten festgelegt, so dass sich mit Werbung eine Spielzeit von einer Stunde ergibt. In den USA geht eine Season bzw. eine Staffel immer von Herbst bis Frühjahr und veranschlagt meist 22 Folgen. Eine Serie in Deutschland wird willkürlicher produziert, Sendepausen und Staffellänge können anders als in den USA sehr variieren.

Unterschieden wird zwischen verschiedenen Serienformaten, die auch zum größten Teil andere Formvorgaben haben. So läuft z. B. eine Sitcom (kurz für *situation comedy*) oder eine Soap nur ca. 20 Minuten, also halb so lang wie eine normale Serienfolge.

Setting

Das Setting beschreibt immer, wo Sie Ihre Story „reinsetzen". Das sind vor allem Ort und Zeit der Handlung, aber auch die Atmosphäre oder die soziale Schicht, in der Sie Ihre Figuren agieren lassen.

Spannungskurve

Die Spannungskurve ist bei jedem Film, gleich, welches Genre, immer gleich: Sie steigt langsam an, nähert sich über Plot Points der Klimax, die als Auflösung das Ende des Films markiert, um dann steil wieder abzufallen, denn der Film ist dann zu Ende, wenn die Auflösung erreicht wurde.

Der Umstand, dass die Spannungskurve immer gleich ist, entspringt den Sehgewohnheiten und Erwartungen des Zuschauers, die sich seit Aristoteles' Zeiten nicht geändert haben. Ob Komödie oder Thriller, alle Entwicklungen in der Story führen letztendlich zur Auflösung, die den Zuschauer befriedigt hinterlässt - denn der Höhepunkt der Spannung am Ende erfüllt die Erwartungen, dass der Schluss der Geschichte erreicht ist.

Split-Screen

Filmisches Mittel, bei dem sich zwei unterschiedliche Szenen denselben Bildschirm teilen und somit gleichzeitig ins Bild rücken. Im Unterschied zur Parallelmontage werden die Szenen hierbei nicht nacheinander in kurzem Abstand gezeigt, sonder tatsächlich nebeneinander. Das kann dieselbe Szene aus verschiedenen Blickwinkeln sein, wie z.B. bei einem Telefonat mit Split-Screen beide Schauspieler gezeigt werden, oder aber eine komplett andere Szene, die aber deutlich gleichzeitig stattfindet und deshalb keine Pausen im Bild erwünscht sind.

Szene

Der nächst kleinere Teil nach der Sequenz ist ihr Baustein, die Szene. Eine Szene wird in der Regel zusammengehalten von den gleichen Figuren und den gleichen Schauplätzen. Meistens, aber nicht zwingend, folgt auch eine Szene wenn man so will dem Aufbau eines Film im kleinen Maßstab. Auch sie besteht aus drei Akten, der Exposition, dem Hauptteil und der Auflösung.

Der „Protagonist" einer Szene ist ebenfalls oft bestimmbar – es ist immer derjenige, der etwas erreichen möchte und ein Ziel hat. Der Protagonist des Films und der einer Szene müssen dabei nicht identisch sein, im Gegenteil: Auch eine Randfigur, die vielleicht nur einmal im Verlauf eines Filmes oder einer Serienfolge auftaucht, kann durchaus Protagonist einer Szene sein.

Treatment

Das Treatment ist der konsequente nächste Schritt nach Exposé und gegebenenfalls Outline. Es veranschlagt deutlich mehr Seiten als das Exposé und enthält mitunter bereits Teile des Dialoges.

Die Funktion ist dem Exposé gleichzusetzen: Als Hilfe für den Autor selbst und als „Verkaufsprospekt" für den geplanten Film ist das Treatment das, womit in der Anfangsphase des Drehbuchs am häufigsten gearbeitet wird.

Voice-Over

Eine eng mit der Rahmenhandlung verwandte Technik, die es einer Figur aus dem Film erlaubt, aus dem Off die Geschehnisse zu kommentieren. In der Regel im Zuge einer Rahmenhandlung, aber nicht notwendigerweise, hat der Erzähler einen erfahreneren, mitunter sogar allwissenden Standpunkt, von dessen Warte er einen Blick auf die Geschehnisse wirft.

Seltener wird Voice-Over verwendet, um im passenden Moment die Gedanken und Gefühle der Figur zu offenbaren, wenn dies durch Dialoge oder

Handlung nicht möglich ist oder nicht gewünscht wird.

Whodunit

Ein Prinzip, welches ursprünglich aus der Welt des Kriminalromans stammt. Das englische „Who has done it?", „Wer hat es getan?" steht hier Pate für die klassische Detektivgeschichte: Am Anfang der Story steht ein Mord, im Verlauf der Story wird die Hauptfigur, in der Regel ein Detektiv oder Polizeibeamter, der Lösung der Frage nach dem Täter Schritt für Schritt näher kommen, um dann in der Auflösung am Schluss im Beisein aller den Mörder zu überführen.

Literaturverzeichnis

Norbert Oswald Body, Mit Fantasie zum Millionär: Wie man mit Schreiben wirklich Geld verdient (Limburg 2003)

Vivien Bronner, Schreiben fürs Fernsehen: Drehbuch-Dramaturgie für TV-Film und TV-Serie (Berlin 2004)

Syd Field u.a, Drehbuchschreiben für Fernsehen und Film (München 2001)

Syd Field, Screenwriter's problem solver : der sichere Weg zum perfekten Drehbuch (Hamburg 2000)

Julian Friedmann, Unternehmen Drehbuch: Drehbücher schreiben, präsentieren, verkaufen (Bergisch Gladbach 1999)

Christopher Keane, Schritt für Schritt zum erfolgreichen Drehbuch: mit einem vollständigen, kommentierten Drehbuch (Berlin 2002)

Tom Lazarus, Professionelle Drehbücher schreiben. Erfolgsmethoden für Film & TV (Berlin 2003)

Robert McKee, Story: Die Prinzipien des Drehbuch- schreibens (Berlin 2001)

Oliver Schütte, "Schau mir in die Augen, Kleines" : die Kunst der Dialoggestaltung (Bergisch Gladbach 2002)

Linda Seger, Das Geheimnis guter Drehbücher (Berlin 2001)

Onlineverzeichnis

www.moviescriptsandscreenplays.com

Große Sammlung an Drehbüchern in PDF
und HTML-Format, auf englisch

www.simplyscripts.com

Metasuchmaschine für Drehbücher in allen
Formaten, auf Englisch

www.scifimoviepage.com/scripts/c.html

Eine kleine Sammlung an Drehbüchern mit
Schwerpunkt auf Science Fiction und Fantasy

www.scifiscripts.com

Umfangreiche Sammlung an Drehbüchern,
ebenfalls mir Schwerpunkt Science Fiction
und Fantasy und auf Englisch

www.pumpkinsoft.de/screenplay451

Breite Auswahl an Drehbüchern,
auf Englisch

www.imsdb.com

Große Drehbuch-Datenbank, meist im
HTML-Format. Auf Englisch

www.filmevona-z.de/FilmCreativ_Drehbuch.cfm

Eine der raren Gelegenheiten, einen Blick in
deutsche Drehbücher zu werfen, wenn auch
in begrenzter Auswahl.

**www.autoren-magazin.de/original-
drehbuecher.phtml**

Deutschsprachige Linksammlung
zum Thema Drehbuch

Film- und Serienverzeichnis

Filme

10 DINGE DIE ICH AN DIR HASSE   **USA 1999**

10THINGS I HATE ABOUT YOU

R: Gil Junger; B: Karen McCullah Lutz & Kirsten Smith

200-JAHRE MANN, DER   **USA 1999**

BICENTENNIAL MAN

R: Chris Columbus; B: Nicholas Kazan

28 DAYS LATER   **GB 2002**

R: Danny Boyle; B: Alex Garland

ACE VENTURA   **USA 1994**

R: Tom Shadyac; B: Jack Bernstein

AMADEUS   **USA 1984**

R: Milos Forman; B: Paul Shaffer

AMERICAN BEAUTY USA 1999

R: Sam Mendes; B: Alan Ball

ARMAGEDDON USA 1997

R: Michael Bay, B: Jonathan Hensleigh & J.J. Abrams

AUF DER FLUCHT USA 1993

THE FUGITIVE

R: Andrew Davis, B: Jeb Stuart & David Twohy

AUSTIN POWERS USA 1997

R: Jay Roach, B: Mike Myers

AVIATOR, THE USA 2005

R: Martin Scorsese, B: John Logan

BEAUTIFUL MIND, A USA 2001

R: Ron Howard, B: Akiva Goldsman

BEGEGNUNGEN   **USA 1994**

INTERSECTION

R: Mark Rydell, B: David Rayfiel

BESSER GEHT'S NICHT   **USA 1997**

AS GOOD AS IT GETS

R: James L. Brooks, B: Mark Andrus

BIG LEBOWSKI, THE   **USA 1998**

R / B: Ethan & Joel Cohen

BOTSCHAFTER DER ANGST   **USA 1962**

THE MANCHURIAN CANDIDATE

R: John Frankenheimer, B: George Axelrod

BRUCE ALLMÄCHTIG   **USA 2003**

BRUCE ALMIGHTY

R: Tom Shadyac, B: Steve Koren

CASABLANCA   **USA 1942**

R: Michael Curtiz, B: Julius Epstein

239

CASINO ROYALE   **USA/UK 2006**

R: Martin Campbell, B: Neal Purvis

CITIZEN KANE   **USA 1941**

R / B: Orson Welles

CORE, THE   **USA 2003**

R: John Amiel, B: Cooper Layne

DÄMON   **USA 1998**

FALLEN

R: Gregory Hoblit, B: Nicholas Kazan

DÄMONISCHEN, DIE   **USA 1956**

INVASION OF THE BODY SNATCHERS

R: Don Siegel, B: Daniel Mainwaring

DAVINCI CODE, THE   **USA 2006**

R: Ron Howard, B: Akiva Goldsman

DAY AFTER TOMORROW, THE **USA 2004**

R / B: Roland Emmerich

DEEP BLUE SEA **USA 1999**

R: Renny Harlin, B: Duncan Kennedy

DEEP IMPACT **USA 1997**

R: Mimi Leder, B: Bruce Joel Rubin

DÉJÀ VU **USA 2006**

R: Tony Scott, B: Bill Marsilii

DEPARTED, THE **USA 2006**

R: Martin Scorsese, B: William Monahan

DER ROSENKRIEG **USA 1989**

THE WAR OF THE ROSES

R: Danny DeVito, B: Michael Leeson

DING AUS EINER ANDEREN WELT, DAS USA 1982

THE THING

R: John Carpenter, B: Bill Lancaster

DORNENVÖGEL, DIE   **USA 1983**

THE THORN BIRDS

R: Daryl Luke, B: Carmen Culver

DOWN WITH LOVE   **USA 2003**

R: Peyton Reed, B: Eve Ahlert

DRACULA   **USA 1992**

R: Francis Ford Coppola, B: James V. Hart

ENGLISCHE PATIENT, DER   **USA 1996**

THE ENGLISH PATIENT

R / B: Anthony Minghella

FAMILY MAN   **USA 2000**

R: Brett Ratner, B: David Diamond

FIREWALL   **USA 2006**

R: Richard Loncraine, B: Joe Forte

FLIGHTPLAN   **USA 2005**

R: Robert Schwentke, B: Peter A. Dowling

FLUCH DER KARIBIK   **USA 2003**

PIRATES OF THE CARIBBEAN

R: Gore Verbinski, B: Ted Eliott

FORREST GUMP   **USA 1994**

R: Robert Zemeckis, B: Eric Roth

FREITAG DER 13.   **USA 1980**

FRIDAY THE 13TH

R: Sean S. Cunningham, B: Victor Miller

FRENCH CONNECTION   **USA 1971**

R: William Friedkin, B: Ernest Tidyman

FROM HELL   **USA/UK 2001**

R: Albert & Allen Hughes, B: Terry Hayes

GEGEN DIE ZEIT   **USA 1995**

NICK OF TIME

R: John Badham, B: Patrick Sheane Duncan

GHOST   **USA 1990**

R: Jerry Zucker, B: Bruce Joel Rubin

GOOD NIGHT AND GOOD LUCK   **USA 2005**

R / R: George Clooney

GOSFORD PARK   **GB 2001**

R: Robert Altman, B: Julian Fellowes

GREAT BALLS OF FIRE   **USA 1989**

R: Jim McBride, B: Jack Baran

GRUDGE, THE   **USA/J 2004**

R: Takashi Shimizu, B: Stephen Susco

HARRY POTTER UND DER STEIN DER WEISEN

GB/USA 2001

HARRY POTTER AND THE SORCERER'S STONE

R: CHRIS COLUMBUS, B: STEVE KLOVES

ROBIN HOOD - HELDEN IN STRUMPFHOSEN

USA 1993

ROBIN HOOD: MEN IN TIGHTS

R / B: MEL BROOKS

HERR DER RINGE   **NZ/USA 2001**

THE LORD OF THE RINGS

R: PETER JACKSON, B: FRAN WALSH

HITCH   **USA 2005**

R: ANDY TENNANT, B: KEVIN BISH

HOCHZEIT ZUM VERLIEBEN, EINE   **USA 1998**

THE WEDDING SINGER

R: FRANKO CORACI, B: TIM HERLIHY

HOSTAGE   **USA 2005**

R: Florent Emilio Siri, B: Doug Richardson

HOSTEL   **USA 2005**

R / B: Eli Roth

HOTEL RUANDA   **USA 2004**

HOTEL RWANDA

R: Terry George, B: Keir Pearson

I, ROBOT   **USA 2004**

R: Alex Proyas, B: Jeff Vintar

INDEPENDENCE DAY   **USA 1996**

R: Roland Emmerich, B: Dean Devlin

INFERNAL AFFAIRS   **HK 2002**

MOU GAAN DOU

R: Wai Keung Lau, B: Siu Fai Mak

INSIDE MAN   USA 2006

R: Spike Lee, B: Russel Gewirtz

INSIDER, THE   USA 1999

R: Michael Mann, B: Eric Roth

INVASION VOM MARS   USA 1953

INVADERS FROM MARS

R: William Cameron Menzies, B: Richard Blake

ISLAND, THE   USA 2005

R: Michael Bay, B: Caspian Tredwell-Owen

ITALIAN JOB, THE   USA 2003

R: F. Gary Gray, B: Donna Powers

JÄGER DES VERLORENEN SCHATZES USA 1981

RAIDERS OF THE LOST ARK

R: Steven Spielberg, B: George Lucas

JOHN Q.   **USA 2002**

R: Nick Cassavetes, B: James Kearns

KALTES LAND   **USA 2005**

NORTH COUNTRY

R: Niki Caro, B: Michael Seitzman

KAMPF DER WELTEN   **USA 1953**

THE WAR OF THE WORLDS

R: Byron Haskin, B: Barré Lyndon

KINSEY   **USA 2004**

R / B: Bill Condon

KNOCKING ON HEAVEN'S DOOR **D 1997**

R / B: Thomas Jahn

KRIEG DER STERNE   **USA 1977**

STAR WARS

R / B: George Lucas

KRIEG DER WELTEN   USA 2005

WAR OF THE WORLDS

R: Steven Spielberg, B: Josh Friedman

L.A. CONFIDENTIAL   USA 1997

R: Curtis Hanson, B: Brian Helgeland

LEBEN DER ANDEREN, DAS   D 2006

R / B: Florian Henckel von Donnersmarck

LETHAL WEAPON   USA 1987

R: Richard Donner, B: Shane Black

LOVE STORY   USA 1970

R: Arthur Hiller, B: Erich Segal

LUCKY # SLEVIN   USA 2006

R: Paul McGuigan, B: Jason Smilovic

MALTESERFALKE, DER   **USA 1941**

The Maltese Falcon

R / B: John Huston

MANCHURIAN KANDIDAT, DER   **USA 2004**

THE MANCHURIAN CANDIDATE

R: Jonathan Demme, B: Daniel Pyne

MARS ATTACKS!   **USA 1996**

R: Tim Burton, B: Jonathan Gems

MATRIX, THE   **USA 1999**

B / R: Andy & Larry Wachowski

MEMENTO   **USA 2000**

R / B: Christopher Nolan

METALUNA IV ANTWORTET NICHT   **USA 1955**

THIS ISLAND EARTH

R: Joseph M Newman, B: Franklin Coen

MINORITY REPORT   **USA 2002**

R: Steven Spielberg, B: Scott Frank

MÜNCHEN   **USA 2005**

MUNICH

R: Steven Spielberg, B: Tony Kushner

NACKTE KANONE, DIE   **USA 1988**

THE NAKED GUN

R: David Zucker, B: David Zucker, Jim Abrahams, Jerry Zucker

NICHT AUFLEGEN!   **USA 2002**

PHONE BOOTH

R: Joel Schumacher, B: Larry Cohen

NIXON   **USA 1995**

R: Oliver Stone, B: Steven J. Rivele

NOTTING HILL   **GB 1999**

R: Roger Michell, B: Richard Curtis

NUR NOCH 60 SEKUNDEN   **USA 2000**

GONE IN 60 SECONDS

R: Dominic Sena, B: Scott Rosenberg

OCEAN'S 11   **USA 2001**

R: Steven Soderbergh, B: Ted Griffin

PANIC ROOM   **USA 2002**

R: David Fincher, B: David Koepp

PARFUM, DAS   **D/F/E 2006**

R: Tom Tykwer, B: Andrew Birkin & Bernd Eichinger

PATE, DER   **USA 1972**

THE GODFATHER

R: Francis Ford Coppola, B: Mario Puzo

PATTON   **USA 1970**

R: Franklin J. Shaffner, B: Francis Ford Coppola

PAYBACK   USA 1990

R / B: Brian Helgeland

POSEIDON   USA 2006

R: Wolfgang Petersen, B: Mark Protosevich

PSYCHO   USA 1960

R: Alfred Hitchcock, B: Joseph Stefano

PSYCHO   USA 1998

R: Gus van Sant, B: Joseph Stefano

RAY   USA 2004

R: Taylor Hackford, B: James L. White

RICHARD III.   GB 1995

R: Richard Loncraine, B: Ian McKellen

RING   USA 2002

R: Gore Verbinski, B: Ehren Kruger

ROCK, THE　　　　　　　　　**USA 1996**

R: Michael Bay, B: David Weisberg

ROMEO + JULIA　　　　　　　**USA 1996**

ROMEO + JULIET

R: Baz Luhrman, B: Craig Pearce

SAW　　　　　　　　　　　　**USA 2004**

R: James Wan, B: Leigh Whannell

SCARFACE　　　　　　　　　**USA 1983**

R: Brian DePalma, B: Oliver Stone

SCHINDLERS LISTE　　　　　**USA 1993**

SCHINDLER'S LIST

R: Steven Spielberg, B: Steven Zaillian

SCHUH DES MANITU, DER　　**D 2001**

R / B: Michael Herbig

SEA OF LOVE   USA 1989

R: Harold Becker, B: Richard Price

SIEBEN   USA 1995

SE7EN

R: David Fincher, B: Andrew Kevin Walker

SINGING IN THE RAIN   USA 1952

R: Stanley Donen, B: Adolph Green

SIXTH SENSE, THE   USA 1999

R / B: M. Night Shyamalan

SPACEBALLS   USA 1987

R/ B: Mel Brooks

SPEED   USA 1994

R: Jan de Bont, B: Graham Yost

SPIDER-MAN   USA 2002

R: Sam Raimi, B: David Koepp

STAR WARS: EPISODE III   **USA 2005**

R / B: George Lucas

STIRB LANGSAM   **USA 1988**

DIE HARD

R: John McTiernan, B: Jeb Stuart

STURM, DER   **USA 2000**

THE PERFECT STORM

R: Wolfgang Petersen, B: William D. Wittliff

STURMFLUT, DIE   **D 2006**

R: Jorgo Papavassiliou, B: Holger Karsten Schmidt

SYRIANA   **USA 2005**

R / B: Steven Gaghan

TAG AN DEM DIE ERDE STILLSTAND, DER

USA 1951

THE DAY THE EARTH STOOD STILL

R: Robert Wise, B: Edmund H. North

TATSÄCHLICH... LIEBE! GB 2003

LOVE ACTUALLY

R / B: Richard Curtis

THIRTEEN DAYS USA 2000

R: Roger Donaldson, B: David Self

TITANIC USA 1997

R / B: James Cameron

(T) RAUMSCHIFF SURPRISE – PERIODE 1

D 2004

R / B : Michael Herbig

ÜBLICHEN VERDÄCHTIGEN, DIE USA 1995

THE USUAL SUSPECTS

R: Bryan Singer, B: Christopher McQuarrie

UND TÄGLICH GRÜSST DAS MURMELTIER

USA 1993

GROUNGHOG DAY

R: Harold Ramis, B: Danny Rubin

URTEIL, DAS   **USA 2003**

RUNAWAY JURY

R: Gary Fleder, B: Brian Koppelman

VOLCANO   **USA 1997**

R: Mick Jackson, B: Jerome Armstrong

WALK THE LINE   **USA 2005**

R: James Mangold, B: Gill Dennis

WIE WERDE ICH IHN LOS… IN 10 TAGEN

USA 2004

HOW TO LOSE A GUY IN 10 DAYS

R: Donald Petrie, B: Kirsten Buckley

WILDE LEBEN, DAS   **D 2007**

R: Achim Bornhak, B: Dagmar Benke

WIXXER, DER   **D 2004**

R: Tobi Baumann, B: Oliver Kalkofe

ZODIAC   **USA 2007**

R: David Fincher, B: James Vanderbilt

ZURÜCK IN DIE ZUKUNFT   **USA 1985**

BACK TO THE FUTURE

R / B: Robert Zemeckis

ZWIELICHT   **USA 1996**

PRIMAL FEAR

R: Gregory Hoblit, B: Steve Shagan

Serien

24   USA 2001 - ?

4400 – Die Rückkehrer   USA 2004 - ?
The 4400

Akte X   USA 1993 – 2002
The X Files

C.S.I.   USA 2000 - ?
C.S.I.: Crime Scene Investigation

Desperate Housewives   USA 2004 - ?

Diagnose – Mord   USA 1993 - 2001
Diagnosis Murder

Dr. House   USA 2004 - ?
House M.D.

Ein Colt für alle Fälle   USA 1981 – 1986
The Fall Guy

Friends   USA 1994 - 2004

Gilmore Girls   USA 2000 - 2007

Heroes   USA 2006 - ?

Knight Rider   USA 1982 - 1986

Lost   USA 2004 - ?

Monk   USA 2002 - ?

Mord ist ihr Hobby   USA 1984 - 1996
Murder, She Wrote

Quincy   USA 1976 - 1983
Quincy, M.E.

Die Simpsons USA 1989 - ?

The Simpsons

Star Trek – Das nächste Jahrhundert
                    USA 1987 – 1994
Star Trek – The Next Generation

Die Ratgeberreihe für alle, die schreiben und veröffentlichen

WISSEN KOMPAKT FÜR AUTOREN

im Frankfurter Taschenbuchverlag

Mainstraße 143 * 63065 Offenbach am Main

Ulla Mothes:
Wissen kompakt für Autoren:
Kreatives Schreiben

Softcover, 300 S.
16,80 € (D) sFr 30,40 17,20 € (A)
ISBN: 978-3-937909-70-7

Anna Kerkel:
Wissen kompakt für Autoren:
Kinder- und Jugendbuch
Schreiben

Softcover, 240 S.
15,80 € (D) sFr 23,70 16,20 € (A)
ISBN: 978-3-937909-76-9

Claus Vainstain:
Wissen kompakt für Autoren:
Erfolgreich Schreiben
Von der Kunst und Technik
literarischen Schreibens

Softcover, 240 S.
14,80 € (D) sFR 27,00 15,20 €(A)
ISBN: 978-3-937909-73-8

Peter Weiß:
Wissen kompakt für Autoren:
Autobiographisch Schreiben.
Lebenserinnerungen gekonnt zu
Papier gebracht

Softcover, 185 S.
13,80 € (D) sFr 25,40 14,20 € (A)
ISBN: 978-3-937909-75-2